A FORMACIÓN DO NACIONALISMO GALEGO CONTEMPORÁNEO (1963-1984)

EDICIÓNS

LAIOVENTO

ENSAIO

173

Manuel Anxo Fernández Baz

A FORMACIÓN DO
NACIONALISMO GALEGO CONTEMPORÁNEO
(1963-1984)

EDICIÓNS LAIOVENTO

2003

En canto non se conseguir
unha necesária normativa de consenso para a língua galega,
Edicións Laiovento continuará a respeitar
a opción ortográfica de cada autor.

© Manuel Anxo Fernández Baz

© 2003, Edicións Laiovento, S.L.
Rúa do Hórreo, 60 / Apdo. 1072
15702 Santiago de Compostela / Galiza / U.E.
Teléfono: + 34 981 887 570
Correio electrónico: laiovento@laiovento.com
Local na Rede: //www.laiovento.com

I.S.B.N.: 84-8487-021-9
Depósito Legal: C-1692-2003

Impreso por Gráficas Sementeira, S.A. / Noia / Galiza
Impreso en papel ecolóxico

A Anuska e aos meus pais.

LIMIAR

Probabelmente, a de prologuista é tarefa algo ociosa e algo sabichona, pero eu non debía negarme ao amábel requirimento de Manuel A. Fernández Baz para que lle escrebera un Limiar a este seu libro. Procurarei, na brevidade da miña presentación, un punto de equilibrio entre aquelas eivas e esta demanda.

Coñecín a Manuel como estudante da Licenciatura en Ciencia Política na Facultade de Santiago de Compostela. Agora está a facer o doutoramento. De feito, este texto é unha reelaboración dun traballo de investigación, tutelado por min, apresentado no Departamento de Ciencia Política e da Administración, como culminación do bienio de doutoramento 1999-2001. Actualmente ten a súa tese de doutoramento moi adiantada, e dada a madurez atinxida polo autor, a seriedade do seu traballo, e o enorme volume de información que ten recollido por moi diversos medios é de agardar, razoabelmente, que a tese se constitúa nun fito de referencia no estudo do tema.

Estas precisións teñen a función non só de dar algunha referencia sobre o autor, senón tamén de subliñar a fasquía académica da obra de Fernández Baz. Escolleu como obxecto da súa investigación o Bloque Nacionalista Galego (BNG), unha formación política que, malia a súa importancia práctica e a orixinalidade das súas estruturas e dos seus procesos de funcionamento interno a penas ten sido estudada.

Dado que a investigación do Manuel responde a un programa de amplo alento, este libro, que recolle as primeiras etapas do seu traballo, céntrase preferentemente na xénese do BNG. Ten así o atractivo do relato histórico, pero tamén o interese politolóxico, tendo en conta a transcendencia que Panebianco, e algúns outros autores no seu calco, atribúen ao "modelo orixinario" de constitución dos partidos políticos.

No fervedoiro dos anos sesenta, o rexurdir do nacionalismo galego, rota a continuidade xeracional co galeguismo da República, acolleuse á inspiración marxista, xa fose en formulación radical, a Unión do Povo Galego (UPG), co seu modelo marxista-leninista, xa fose en formulación moderada, o Partido Socialista Galego (PSG), co seu modelo de socialismo máis ou menos autoxestionario. O BNG é o resultado das complicadas relacións entre un e outro partido, nas que concorren un pulo unitario pero tamén a loita pola hexemonía nunha organización "frentista" ou nunha plataforma común de partidos. Hoxe coñecemos o desenlace deste proceso. Este libro contribúe a lembrar a evolución detallada do mesmo, colocando tamén no debido lugar os actores secundarios.

O proceso unitario ten o seu primeiro fito no ano 1973, data da publicación dun documento conxunto UPG-PSG. No 1982 nace o BNG, pero aínda han pasar varios anos até que esta organización acade o monopolio da representación institucional do nacionalismo galego. A constitución da organización abriu unha nova estrutura de oportunidade política na esfera nacionalista, dando entrada na escena a numerosos "independentes" que serán, sen dúbida, a principal novidade da nova organización.

O BNG adquire así, unha notoria complexidade organizativa que pode articularse en tres níveis: (1) o do propio BNG como conxunto; (2) o das organizacións e colectivos que o compoñen, individualmente considerados; e (3) o dos afiliados ao Bloque, directamente, como "independentes", ou por medio das organizacións e colectivos integrantes.

O papel da UPG dentro do BNG na actualidade, hase entender recorrendo a esta primeira etapa, pois é a única organización de partido presente no seo do Bloque Nacionalista Galego ininterrompidamente desde a súa constitución. Non é de estrañar pois, que sexa e teña sido un dos principais motores do proceso de institucionalización do Bloque e a súa principal fonte de recursos tanto humanos como materiais.

Todas estas cuestións e outras moitas con elas relacionadas, son tratadas con rigor e seriedade por Manuel A. Fernández Baz neste volume que, teño a certeza, non defraudará aos atinxidos polo tema, pois, alén do seu valor académico, o seu contido sen dúbida interesará a moitos lectores ocupados ou preocupados pola vida política.

Santiago de Compostela, 8 de xaneiro de 2003
José Vilas Nogueira

Quero expresar o meu agradecemento a todos aqueles que, dun xeito ou doutro, fixeron posíbel que a investigación chegase a "bo porto". Bautista Álvarez Domínguez, Francisco Rodríguez Sánchez, Alberto Romasanta Armesto, Manuel Vázquez Cabo, Roberto Vilameá Ponte, e sobre todo Francisco Jorquera, que me facilitaron unha parte importante da documentación e da súa experiencia, sen as que sería imposíbel construír o argumento. No eido académico, debo deixar constancia da atención prestada polo profesor Ramón Máiz. A Miguel Bastos recoñecerlle o seu apoio, e ao profesor José Vilas Nogueira, titor do traballo que deu orixe a este libro, agradecerlle os seus consellos e as súas acertadas suxestións.

No proceso de transformación do texto orixinal en libro, recoñecer o traballo desempeñado por Sandra, amosando desde o primeiro momento unha paciencia envexábel. E, finalmente, agradecer a Francisco Pillado o seu apoio e as súas agudas e interesantes observacións.

1. INTRODUCIÓN

Este traballo inscríbese nun proxecto de investigación máis amplo que ten como obxecto de estudo o Bloque Nacionalista Galego (BNG), unha organización política que experimentou un importante crecemento en termos electorais e institucionais na década dos noventa. O obxectivo final é a realización dunha tese de doutoramento na que se analizará de xeito minucioso a evolución organizativa do BNG atendendo fundamentalmente a todas aquelas variábeis que tiveron algún efecto sobre o desenvolvemento organizativo; do mesmo xeito, situarase a organización como variábel independente coa finalidade de estudar o seu funcionamento.

Como politólogos, non só trataremos de dar conta da evolución dos acontecementos que conduciron ao nacemento do BNG, senón que tentaremos buscar aquelas liñas mestras que nos axuden a comprender o devir evenemencial, aínda que sexa un concepto historicista, que conflúe no nacemento da nova organización nacionalista. De todos os xeitos, recorrer á historia é inevitábel desde o momento en que nos atopamos con determinadas cuestións que, até o de agora, non foron obxecto de estudo.

O BNG, presentarase orixinalmente como un proxecto de frente nacionalista que non se verá totalmente construído até 1994, momento a partir do cal poderemos comezar a falar dunha frente nacionalista unitaria[1], punto de confluencia de todos os partidos e colectivos con certa relevancia electoral e social, na dirección que expresara o denominado "espírito de Riazor".

Son moitas as razóns que se poden esgrimir para subliñar a importancia do BNG como obxecto de estudo. Entre elas, cabe destacar a práctica ausencia de estudos específicos (ou monográficos) sobre o BNG. O máis común é atopar algunha referencia nas investigacións sobre o nacionalismo galego, que

---

[1] Tendo en conta a todas as forzas políticas nacionalistas relevantes desde unha perspectiva electoral e social.

non van moito mais aló de dar conta do crecemento electoral do Bloque e da desaparición progresiva das outras forzas políticas nacionalistas. Neste sentido, chámanos a atención o feito de que se fale do incremento da base electoral do BNG fundamentalmente a costa do fracaso doutras opcións, como un efecto conxuntural, e que non se teña en conta que non é un actor pasivo senón que ten unha parte importante de responsabilidade nese incremento electoral. Esta mesma razón é a que o sitúa no noso punto de mira xa que, se atendemos ás cifras electorais acadadas, poderiamos establecer unha porcentaxe de crecemento que supería, sen lugar a dúbidas, manexar cifras que nos levarían a concluír que nos atopamos ante un caso único, polo menos no contexto político español. Esta é unha observación que se obtén comparando os resultados das primeiras eleccións autonómicas ás que concorre, as da segunda lexislatura (1985), nas que acada un deputado, cos das eleccións de outubro de 2001, nas que obtén dezasete actas de deputado no Parlamento de Galiza. O incremento é relativamente importante xa que pasa de 53.072 (4,2%) a 346.423 (22,6%) sufraxios[2]. Enfrentámonos a un fenómeno que debe ser explicado en dúas perspectivas, tanto polos efectos cara a fóra, como polos efectos cara a dentro da organización, é dicir, se atendemos ao plano externo debemos explicar ese incremento electoral situando o BNG como un actor máis no sistema político galego, polo que é obrigado partir das interrelacións entre cada un dos elementos e dos efectos recíprocos que delas resultan, pero, por outro lado, tamén temos que atender ao plano interno coa finalidade de dar conta dos efectos que o propio incremento electoral produce na evolución da organización e, ao mesmo tempo, á forma na que as dinámicas organizativas inflúen nesa captación de voto.

Outras razóns dirixiríanse a explicar qué é realmente o BNG, cuestión que nos leva á cerna da ciencia política, xa que

---

2   As eleccións de 2001 supoñen o primeiro retroceso electoral do BNG nuns comicios autonómicos, xa que en outubro de 1997 acadara 395.435 votos (24,8%) e 18 escanos. De todas as maneiras o importante para nós é sinalar o incremento do voto ao BNG e a importancia que vai cobrando tanto no nacionalismo galego como no sistema de partidos de Galiza.

o estudo dos partidos políticos e das súas organizacións sitúase no mesmo núcleo da disciplina. Coa finalidade de tentar comprender qué é, faise imprescindíbel partir dunha descrición do fenómeno que debe incluír, loxicamente, o seu funcionamento interno. O BNG non é un partido, malia que no sistema de partidos do que forma parte funciona como un elemento máis; non é unha coalición, pero posúe algúns dos elementos considerados, comunmente, definitorios das mesmas, aínda que nese caso non se trataría só dunha coalición de partidos senón tamén de colectivos e de persoas que, individualmente, se adhiren ao proxecto baixo a denominación de independentes (definidos desde unha perspectiva interna, xa que son afiliados do BNG), feito que provoca o afastamento do concepto de coalición. Esta realidade achéganos a unha organización na que funcionan dous criterios de afiliación, por unha parte, o que implica estar afiliado nun dos partidos ou grupos integrantes (afiliación que chamaremos en "primeira instancia") e, por outra, o mecanismo normal de afiliación directa entre o individuo e a organización polo cal todos os/as afiliados/as do BNG acadan a súa igualación, cando menos formal, con independencia da súa pertenza a un colectivo ou partido integrado no seu seo. Neste senso cremos que é indispensábel partir da xénese do BNG para poder entender un pouco mellor o que foi e o que hoxe é, sen pretender en ningún momento facer das orixes a única explicación da súa evolución, senón máis ben situala como un dos elementos necesarios para unha comprensión máis completa do fenómeno político.

O BNG nace como un "Frente Amplo de Unidade Nacionalista", expresión dunha frente de liberación nacional que respondía a un esquema que deseñara a Unión do Povo Galego (UPG) a principios dos anos setenta e que presentaba unha clara inspiración maoísta, en canto que frente interclasista, como primeiro paso para a liberación nacional e para o subseguinte establecemento do socialismo.

O nacemento do BNG está datado nunha asemblea celebrada no Frontón de Riazor (A Coruña) os días 25 e 26 de setembro de 1982. Esta asemblea resultaría ser o punto culminante dun proceso constituínte que se inicia formalmente en maio do mesmo ano, malia que xa se poderían establecer as súas orixes a mediados de 1980 coa formación da chamada Mesa de Forzas Políticas Galegas, constituída polas forzas que integraban o Bloque Nacional Popular Galego (a Unión do Povo Galego e a Asamblea Nacional Popular Galega) e o Partido Socialista Galego. Desde ese momento até a actualidade producíronse grandes cambios no BNG, pero tamén hai unha serie de constantes que permaneceron invariábeis. Así, por exemplo, Xosé Manuel Beiras segue sendo o portavoz nacional e o candidato á Presidencia da Xunta; as acusacións de control da organización seguen estando dirixidas á UPG...

Desde 1982 até o 2002, o BNG pasa de ser un mero proxecto de unidade do nacionalismo, que só conseguirá situar un representante no Parlamento de Galiza nas autonómicas de 1985, a converterse nunha organización política consolidada con representación no Parlamento Europeo (un eurodeputado), no Congreso dos Deputados (tres deputados), no Senado (un senador), no Parlamento de Galiza (17 deputados/as), nas deputacións provinciais (15 deputados/as) e, xa que logo, nos concellos, chegando a obter a alcaldía de tres das sete cidades máis grandes de Galiza (Ferrol, Pontevedra e Vigo) e a participar no goberno municipal de outras dúas (Lugo e Santiago)[3]. Este incremento da súa presenza institucional non pode ser reducido a unha explicación unidireccional senón que é preciso atender a unha multiplicidade de variábeis con potencial explicativo, ponderado, que interactúan dando como resultado un forte aumento do apoio electoral ao BNG, o que non ten por que implicar un incremento paralelo do sentimento nacionalista en Galiza.

Aínda que sería interesante facer unha análise dos factores que influíron no incremento do voto ao BNG, intentando ou-

---

3   Nas eleccións municipais de 1999 o BNG obtivo a alcaldía de catorce concellos: Allariz, As Pontes, Carnota, Cedeira, Corcubión, Fene, Poio, Pontecesures, Rairíz de Veiga, Vilaboa, Vilar de Santos, e os citados Ferrol, Pontevedra e Vigo, e a participación nos executivos municipais dos seguintes concellos: Bergondo, Cabana, Camariñas, Carral, Malpica, Mugardos, Narón, Redondela, O Barco, Xinzo de Limia, e os citados Lugo e Santiago de Compostela.

torgar a cada un deles o peso explicativo que lle corresponde, no presente traballo partimos da consideración do BNG como a variábel dependente; a premisa é, loxicamente, que o BNG foi o resultado dun proceso protagonizado por forzas políticas nacionalistas galegas. Referímonos ao que poderiamos denominar "primeiro BNG" ou, tamén, primeira fase na construción da "frente nacionalista galega". Hai un momento a partir do cal se comeza a falar de BNG e nel establecemos o punto de chegada do traballo, que, en liñas xerais, pretende ser unha descrición do proceso que levou a concluír que era preciso crear unha organización baseada en moldes frentistas co obxectivo de integrar a todas as forzas nacionalistas galegas.

XÉNESE E CAMBIO NAS ORGANIZACIÓNS POLÍTICAS

Nas investigacións sobre partidos políticos encontramos unha parte que se ocupa de explicar o nacemento dos partidos e das organizacións, que se deu en chamar "enfoque xenético"; un *approach* que foi utilizado para explicar o comportamento e a finalidade dos partidos (Epstein, 1980), ou para clasificalos en función da súa orixe (Duverger, 1951). Este enfoque foi obxecto de críticas polo excesivo determinismo que inflixía na evolución dos partidos a modo de lastre ineludídel na "experiencia vital"[4]. Entre as achegas máis destacábeis dentro deste enfoque é de subliñar o modelo de Panebianco, desenvolvido na súa obra máis coñecida: *Modelli di Partito* (1982), sobre a orixe dos partidos e a súa posterior evolución organizativa, expresada a través do proceso de institucionalización[5], utilizando un esquema no que se relacionan as condicións xenéticas e a posterior institucionalización da organización, e resultando un modelo no que a xénese determina a

---

4 Duverger (1990) é un dos primeiros en afirmar que "...os partidos sofren profundamente a pegada das súas orixes" (p. 15).

5 Enténdese a institucionalización (en termos moi xerais) como o proceso polo que a organización pasa de ser un instrumento para a consecución de determinados fins a converterse nun fin en si mesma. Panebianco (1990) sinala dúas dimensións para analizar o grao de institucionalización das organizacións: o *grao de autonomía* acadado pola organización a respecto do medio, e o grao de interdependencia entre as distintas partes da organización ao que chama, *grao de sistematización*.

posterior evolución da organización. Aínda que o "modelo orixinario" de Panebianco ten as súas feblezas, debemos resaltar acertos na súa formulación tales como a atención aos factores que interveñen nos procesos xenéticos, outorgándolle unha importancia relativa, ou a concepción do partido como un sistema aberto que interactúa co medio ao que tende a adaptarse[6], entre outros moitos. Este matiz ten unhas implicacións fundamentais para a investigación xa que o elemento contextual (ambiental) cumpre un papel que debe ser tido en conta para comprender tanto o obxecto de estudo como a propia investigación. Pero, ao mesmo tempo, o concepto de sistema aberto ten unhas claras connotacións que nos obrigan a fixarnos nun dos elementos máis complexos que se desenvolve no interior das organizacións: o proceso de cambio. O concepto de sistema aberto implica unha interrelación constante con efectos recíprocos entre os factores que o compoñen e o medio no que se desenvolve. Isto implica que, malia que os momentos iniciais pesan moito no esclarecemento do proceso evolutivo das organizacións, é a interacción co medio a que pode producir a reconsideración dos postulados orixinarios entre os que se pode atopar a súa propia definición.

O cambio nas organizacións políticas, ao igual que en calquera tipo de organización, pode ser de dous tipos: continuo ou descontinuo, ou o que é o mesmo, protagonizado por pequenos cambios graduais, ou a través de cambios abruptos (Vilas, 1997). Desde unha perspectiva organizativa, e atendendo á multiplicidade de constrinximentos internos ("coalición dominante", cultura organizativa,...), o cambio adoita ser acumulativo, incremental. Este feito non impide que, se observamos a organización en dous momentos temporais diferentes, o cambio remate tendo un cariz marcadamente descontinuo. A cuestión neste senso residiría na análise do período que queda enmarcado entre eses dous puntos temporais. Por outro lado, a orixe do cambio pode estar situada nas dinámicas internas da

---

6   Panebianco (1990) define as organizacións de partido como "...unha estrutura en movemento que evoluciona, que se modifica ao longo do tempo e que reacciona aos cambios exteriores, ao cambio dos "ambientes" nos que opera e nos que se atopa inserido" (p. 107).

organización (cambio de liderado, cambio na "coalición dominante"...), ou pode ser motivado por circunstancias externas á mesma. Deste xeito, poderíanse constatar certos estímulos de carácter externo que afectarían de forma crítica ás organizacións, provocando nelas cambios bruscos. Estes estímulos, que Harmel e Janda (1994) denominan *shocks* externos, engloban sobre todo a aqueles que afectan fundamentalmente ao obxectivo esencial ("primario") da organización, dando pé a unha dialéctica entre a natureza da organización e a supervivencia da mesma (que ten moita relación coa formulación de Kitschelt que logo veremos). Outros estímulos de carácter externo poden ser canalizados a través de pequenos cambios. O nivel de institucionalización das organizacións constitúese como un dos elementos fundamentais para canalizar os estímulos externos e para a resolución dos posíbeis problemas internos (Panebianco, 1990).

O noso traballo establécese sobre a necesidade de dar cobertura a un período que consideramos esencial para entender o BNG, unha organización que até o de hoxe estivo inmersa nun proceso de cambio importante. A xustificación desta idea parte da seguinte cita: "...cando demostras que algo funciona ben, iso non supón que teñas resolto o problema de cómo, cándo ou por qué acontece." (Gould, 1991:114; citado en Doug Perkins, 1996:357). Podemos constatar a existencia dun fenómeno e incluso explicar o seu funcionamento pero isto non implica o coñecemento das súas condicións orixinais nin das razóns da súa orixe. Desta maneira, e seguindo a Perkins, o "legado histórico", entendido como o constrinximento de eleccións futuras por parte das estratexias adoptadas no pasado, constitúe un factor esencial a ter en conta, xa que "os cambios potenciais están constrinxidos pola forma xenética do organismo actual" (ídem:357). En realidade, o legado histórico pode ser considerado como un dos elementos fundamentais da identidade, da cultura dunha organización (Méndez Lago, 2000). A evolución das organizacións, en canto que sistemas abertos, temos que entendela como un proceso acumulativo no que as decisións que se van adoptando en cada momento

19

van ir encamiñando dalgunha maneira as decisións futuras. Neste senso temos que recorrer a Alan Ware (1996) para recoller ideas como a adaptación das organizacións ao contexto no que se desenvolven, pero tamén para reafirmar a idea de que os partidos, e as organizacións políticas en xeral, van ser prisioneiros da súa propia historia como institucións políticas que son. Ware destaca, recorrendo a Panebianco, a existencia de certos momentos, *"defining moments"*, nos que podemos atopar factores cruciais (tanto de orixe interna como externa) para comprender o desenvolvemento das institucións políticas. Os factores que conducen á orixe do BNG, e o resultado mesmo dese proceso, axúdannos a entender os procesos subseguintes e as decisións adoptadas a modo de "primeiros pasos" que, ao mesmo tempo, están contextualizadas nun complexo institucional que é o que completa a análise, xa que del xorden os principais estímulos externos que afectan á organización.

Seguindo coa argumentación, é necesario recorrer a Herbert Kitschelt, que analizou a xénese e a transformación dos partidos (1989; 1994), para subliñar dúas das súas ideas fundamentais expresadas baixo formas definidas pola súa claridade explicativa. Por un lado, analiza o nacemento e a evolución dos partidos desenvolvendo dous tipos de lóxica: a *lóxica da representación* (relacionada coa fractura política pola que xorde o partido) e a *lóxica da competición* (vinculada á maximización do apoio electoral), ambas as dúas explicadas polo seu compoñente principal e debedoras dunha concepción excesivamente racional da política (baseada nun cálculo estratéxico constante). Son dúas lóxicas enfrentadas inversamente, é dicir, se o partido busca maximizar o seu apoio electoral recorrendo á lóxica da competición, o que implica reducir necesariamente a énfase na ideoloxía, a lóxica da representación pode verse danada en maior ou menor medida (atendendo á natureza do partido); pola contra, se o que pretende é manter a "pureza" da súa ideoloxía (insistindo na fractura orixinal), na cal as súas posturas estratéxicas serían fundamentais, a lóxica da competición verase danada e isto traducirase nunha redución clara do seu apoio electoral, que se cinguiría a un electorado moi ideoloxizado. Na aposta dun partido por unha ou outra lóxica inflúe claramente o contexto no que está inmerso, de maneira que a posición de competitividade do partido (feble ou forte), e a rixidez institucional (alta ou baixa) unida á mobilización do *cleavage* no que xorde (alta ou baixa), condicionan a aposta polo reforzamento dos elementos identitarios orixinais ou, en senso contrario, pola competición (Kitschelt, 1989:59 e ss.). Canto máis ameazada se vexa a organización política polo medio (hostilidade ambiental), maior tendencia ao repregamento a unha posición de resistencia (defensiva), pola contra, se ten ao seu dispor as condicións para o seu desenvolvemento, adoptará unha postura de competición (ofensiva). Esta dobre lóxica desempeña un papel explicativo importante, relacionado con todo o que levamos visto, para comprender a evolución do Bloque Nacionalista Galego, xa que está vinculada tanto coa comprensión da xénese da organización como coa explicación dos cambios organizativos. Moi relacionado co anterior, e introducíndonos na denominada *caixa negra* das organizacións (Müller, 1997), Kitschelt constrúe tres tipos ideais de militantes-activistas[7], recorrendo ás posicións internas manifestadas ante tres aspectos esenciais como son: o programa, a estratexia e a propia organización. Os tres tipos creados son: os *ideologues* (que enfatizan a estratexia do partido, opoñéndose en todo momento á lóxica da competición), os *lobbyists* (apostan pola toma de decisións en función do criterio da oportunidade, polo que o fincapé nunha ou noutra lóxica depende máis da conxuntura que dunha estratexia prefixada) e os *pragmatists* (consideran a organización como un instrumento político, e son moi proclives a defender a lóxica da competición). Os tres tipos ideais expresan a existencia de diferentes intereses no seo da organización que desempeñan un papel crucial cando se constitúe a "coalición dominante" (aquela elite que controla unha parte importante dos recursos da organización), que é a encargada de definir a dirección que debe seguir. Desta maneira, situamos a organización como unha estru-

---

7   Despois de definir cada un dos tipos ideais (nós só fixemos un breve resumo das características de cada tipo), subdivídeos en outras categorías máis flexíbeis para a análise dos actores dentro das organizacións políticas, Kitschelt (1989), pp. 49-61.

tura e introducimos aos actores internos, en canto que participantes racionais que actúan de acordo coa defensa dos seus intereses, sexan materiais ou non, polo que, dentro do partido, non hai un único interese (que se identificaría co fin da organización) senón que hai unha multiplicidade deles. Esta cuestión enlaza cun tema que ten moita importancia nas organizacións políticas, o referido aos incentivos, en canto mecanismos que axudan a explicar a participación dos individuos nas mesmas (nas diversas formas que pode adoptar). Os incentivos poden ser tres tipos: de compromiso final (aqueles que se basean nos fins e propósitos políticos perseguidos), de tipo social (o individuo participa na organización valorando fundamentalmente a amizade, a camaradería, a vida social que se desprende da participación na mesma), e de tipo material, necesariamente selectivos (Kitschelt citado en Riechmann, 1994:243).

O recurso a Kitschelt ven xustificado por unha consideración que debemos ter presente antes de comezar co traballo e que é necesario subliñar. O BNG non xorde da nada, nin se trata dunha mera fusión de partes para dar lugar a un todo, senón que nace como un proxecto duns partidos e duns grupos preexistentes (duns actores) que seguen mantendo, na súa maioría, despois da constitución da organización frentista, unha personalidade propia. Xa que logo, aínda que tratamos de explicar o nacemento dunha organización política, debemos ter en conta que non parte da nada, senón que os grupos e partidos preexistentes se constitúen nun elemento definitorio a ter en conta para o desenvolvemento da mesma. Esta é unha das razóns polas que comezaremos o traballo cun apartado no que se fará un repaso ao nacemento do nacionalismo galego actual.

O NACIONALISMO GALEGO POLITICAMENTE ORGANIZADO

O estudo da xénese do BNG tamén pode ser enfocado dunha forma diferente de xeito que sirva para subliñar a fin dunha etapa no nacionalismo galego contemporáneo e o inicio doutra que producirá unhas dinámicas moi diferentes no sistema de partidos galego. O BNG vaise constituír como un exercicio de adaptación dunha parte do nacionalismo galego, encabezado pola UPG e o PSG, ás novas circunstancias ambientais. Esta organización vai ser promovida por partidos e colectivos que, nunha primeira etapa, serán o principal impulso do seu desenvolvemento organizativo, no que a UPG desempeñará un papel esencial.

O elemento ideolóxico é clave para entender o noso obxecto de estudo xa que é o nacionalismo galego o principal factor definitorio do BNG. A súa transcendencia vén dada por ser nacionalista e non tanto pola situación no xa clásico eixo esquerda-dereita, a pesar de que a maior parte das organizacións que hoxe o compoñen achéganse máis á esquerda que á dereita. Para ilustrar un pouco este aspecto, a modo de explicación do que diciamos no parágrafo anterior, podemos analizar brevemente as experiencias históricas do nacionalismo galego politicamente organizado coa finalidade de situar o BNG dentro da súa evolución.

Desde unha perspectiva organizativa, o nacionalismo galego ten a súa primeira expresión nas Irmandades da Fala, grupos máis ou menos organizados, que se crean en diversas cidades galegas en torno aos anos 1916-17[8], e que desembocarán na celebración da Asemblea de Lugo en novembro de 1918[9]. A creación das Irmandades constitúe, vista desde a actualidade (perspectiva temporal que nos invita a anular todo posibilismo), un "...punto de non retorno na construcción política do movemento nacionalista galego" (Máiz, 1996:48). As Irmandades funcionaron case exclusivamente no plano cultural e entre os seus logros neste ámbito cabe destacar a creación da célebre *Revista Nós* e o *Seminario de Estudos Galegos*. Polo que se refire á vía política adoptan unha postura de neutralidade explícita que só se intentaría superar coa aposta por

---

8 A primeira Irmandade, a Irmandade dos Amigos da Fala da Cruña, fúndase o 17 de maio de 1916. Entre as súas iniciativas destaca a publicación de *A Nosa Terra*, a medio camiño entre voceiro e o xornal.

9 Esta asemblea ten como obxectivo prioritario conquerer a "autonomía integral da Nazón galega" e para iso dótanse dun programa que será o coñecido como o "Manifesto de Lugo". Entre as moitas reivindicacións contidas no programa está a da "federación con Portugal", baseada fundamentalmente na lingua, no seo dun Estado Ibérico. (Para máis información véxase: Vilas (1975), especialmente pp. 83-90).

crear unha sorte de "brazo político", o frustrado Partido Republicano Autonomista Agrario (Vilas, 1975:89).

En outubro de 1929 xorde a Organización Republicana Gallega Autónoma (ORGA), integrada por republicanos da Coruña dirixidos por Casares Quiroga e por un grupo de galeguistas pertencentes á Irmandade da Coruña encabezados por Antón Villar Ponte (defensores da autonomía e do Estatuto)[10]. Sen dúbida, o momento culminante na fase inicial do nacionalismo organizado, veu dado pola nova estrutura de oportunidade política que vai supor a instauración da II República. Coa convocatoria das primeiras eleccións ás Cortes Republicanas (28-VI-1931) xorden un conxunto de organizacións políticas como o Partido Galeguista de Pontevedra (Valentín Paz-Andrade, A. Castelao, R. Cabanillas), ou o Partido Nazonalista Reprbricán Galego (Vicente Risco, Otero Pedrayo). Os resultados obtidos na primeira convocatoria, unidos ao fracaso das expectativas postas na ORGA, e ao fracaso do primeiro proxecto estatutario para Galiza, van ser as principais motivacións para traballar na creación dun novo partido que aglutine a todos os galeguistas. O resultado será o Partido Galeguista (PG) constituído en decembro de 1931. O nacionalismo galego integrábase nun partido político *stricto sensu*. Fórmase inicialmente a partir dun conxunto de grupos e partidos que se caracterizan por posuír grandes diferenzas ideolóxicas (tanto tácticas como estratéxicas) entre eles (Beramendi e Núñez, 1996:148), de xeito que o partido semellaba máis o punto de confluencia organizativa que ideolóxica. O PG vai definir completamente toda a experiencia nacionalista galega na II República. As primeiras eleccións ás que concorre foron as do 19 de novembro de 1933, nas que non consegue situar ningún representante nas

---

10 A ORGA promove en marzo de 1930 o "Pacto de Lestrove" polo que se constitúe a Federación Republicana Gallega, xunto con Alianza Republicana e o Partido Radical, declarándose federalista e autonomista. Con esta denominación (FRG) concorre ás eleccións de 1931, obtendo 14 deputados, e atraendo cara ao seu grupo parlamentario a todos os representantes galeguistas, entre eles, a Castelao, Otero Pedrayo, e os independentes galegos republicanos. A ORGA rematará integrándose, despois das eleccións de 1933, baixo a dirección de Casares Quiroga, na Izquierda Republicana (anteriormente coñecida como Acción Republicana) de M. Azaña, un partido de ámbito estatal (Vilas, 1975:169).

Cortes. En maio de 1935 sofre unha escisión froito das diferenzas ideolóxicas existentes dentro do partido no eixo conservadorismo-progresismo, nacendo a Dereita Galeguista de Vicente Risco. En xaneiro de 1936 o PG incorpórase á Frente Popular coa que concorre ás eleccións de febreiro do mesmo ano, obtendo tres actas de deputado (Castelao, Suárez Picallo e Villar Ponte). A maior vitoria da incorporación á Frente Popular é o apoio mostrado por esta ao Estatuto[11] aprobado polos concellos de Galiza a finais de 1932, que sería sometido a referendo o 28 de xuño e entregado ao presidente das Cortes o 15 de xullo de 1936 (Vilas, 1975).

Despois do golpe de estado de 1936, prodúcese un cambio importante no nacionalismo galego[12], xa que se ve dividido en dúas vertentes desde un criterio estritamente espacial, unha interior e a outra exterior (a do exilio). Na interior, vaise intentar seguir co Partido Galeguista sobre todo ante as perspectivas que se abriran co fin da 2ª Guerra Mundial e a eventual caída do franquismo[13]. Ante o desacerto nas previsións, o Partido Galeguista vai ser disolto[14] no interior polos mesmos que o reor-

---

11 Sobre os partidos políticos e o proceso autonómico na II República pódese consultar o traballo de Alfonso Bozzo (1976). Sobre o Partido Galeguista en particular resulta moi interesante a obra de Xavier Castro (1985).

12 Co desencadeamento da guerra civil española prodúcense importantes cambios no nacionalismo galego. Por un lado, a detención e o posterior asasinato de A. Bóveda, Víctor Casas, Anxel Casal,... (aínda que os procesos non foron iguais nin coincidentes no tempo, si que estaban relacionados), e no caso dos "mellor parados": o exilio; por outro lado, o control ao que son sometidos Otero Pedrayo, X.R. Fernández Oxea, Florentino López Cuevillas,...; e finalmente, a adhesión ao "Movemento" (inicialmente chamado "Cruzada") por parte dalgúns destacados nacionalistas como Filgueira Valverde ou Vicente Risco.

13 A finais de 1939 prodúcense unha serie de contactos entre membros da "Federación de Mocedades Galeguistas" (organización xuvenil do PG), entre os que estaban Marino Dónega, Xaime Isla e Ramón Piñeiro, co obxectivo de discutir a conveniencia de reconstituír o PG na clandestinidade. En relación con este proxecto, en 1943 celébrase en Vigo unha asemblea de militantes que decide a reorganización do Partido, tendo en conta as expectativas creadas en relación á posíbel caída do Réxime de Franco. En 1945 o PG incorpórase á "Alianza Nacional de Fuerzas Democráticas" no eido dunha Unidade Republicana Galega.

14 Se atendemos á data do documento que se publica na compilación de Castro (2000), pp. 395-399, o PG non foi disolto en 1950, xa que este documento está datado "aproximadamente" en 1954.

ganizaran. Este grupo, constitúe en xullo de 1950 a editorial Galaxia[15], apostando claramente pola liña culturalista e polo abandono do nacionalismo galego[16], moi en consonancia co que sucede nos casos vasco e catalán. O grupo do exterior, liderado por Castelao e Suárez Picallo, organízase a través da creación de irmandades en varias cidades americanas. Esta situación provoca que Castelao decida a disolución do PG no exterior e a creación da Irmandade Galega (que representará o nacionalismo galego no Pacto GALEUZCA xunto co Frente Patriótico Vasco e o Consell de la Collectivitat Catalana) e o Consello de Galiza[17], no marco das institucións deseñadas no Estatuto do 36, que finalmente só superara a fase do plebiscito. O pasamento de Castelao, en 1950, suporá a perda do principal líder, verdadeiro nexo de unión dentro do nacionalismo galego. Esta situación, co paso dos anos, dará lugar á ruptura de relacións entre o galeguismo do interior que devirá cultural e o galeguismo do exilio que se radicalizará co transcurso dos anos e dos acontecementos[18]. Esta ruptura era o resultado de dúas formas moi diferentes de entender a promoción da cultura galega, a do exilio que a interpretaba como un complemento da afirmación nacional, e a do interior que apostaba por unha separación máis clara entre cultura e política[19].

---

15 No Consello de Administración da nova editorial estaban membros importantes da cúpula directiva do PG na II República como: Ramón Otero Pedrayo, Gómez Román, Xaime Isla Couto, Francisco Fernández del Riego, Ferro Couselo,... (Núñez, 1994).

16 Está por probar que Ramón Piñeiro e outros célebres galeguistas que se atopaban entre os fundadores da Editorial Galaxia, fosen nalgunha etapa da súa vida nacionalistas.

17 En 1944 créase o Consello de Galiza en México; entre os seus membros atopamos a Castelao e a Suárez Picallo polo PG, a Antonio Alonso Ríos polos Agraristas e a Elpidio Villaverde Rey polo Partido Republicano Gallego. Castelao exercerá como representante de Galiza no efémero "Goberno Giral".

18 Para consultar unha información de primeira man sobre as relacións entre os galeguistas do interior e os do exilio até 1954, véxase a compilación de cartas e documentos de X. Castro (2000).

19 As relacións entre cultura e política suxiren un tema interesante de investigación sobre todo se temos como obxecto de estudo o nacionalismo galego. Por razóns evidentes é un tema que non se tratará neste traballo.

Haberá que esperar até os anos sesenta para asistir ao rexurdimento do nacionalismo galego politicamente organizado, que terá a súa expresión no Consello da Mocedade, interpretado en numerosas ocasións como unha aposta pola refundación do Partido Galeguista, e nos primeiros partidos políticos que xorden despois da disolución do PG, o Partido Socialista Galego e a Unión do Povo Galego. Non se trata dunha mera recuperación da experiencia da II República, senón que, no marco dun contexto totalmente distinto, se lle dá forma a un nacionalismo de novo tipo, máis político, baseado nun concepto de nación, no caso da UPG primeiro e máis tarde no do PSG, definido en base a criterios de clase (de xeito que van ser as clases populares os principais suxeitos da identidade nacional). Alberto Romasanta (1991:29-32), seguindo o esquema construído por X. Beramendi (1991: cadro pp. 135 e ss.) para o caso do nacionalismo galego anterior a 1936, fai un interesante traballo comparativo entre a conceptualización do termo nación, da que podemos chamar "primeira etapa" do nacionalismo galego organizado, e o concepto empregado pola UPG. A conclusión a esta análise, é que a UPG vai manter os elementos obxectivos como características definitorias da nación pero introducindo como factores esenciais a historicidade, entendida como evolución histórica, e a "clase", no senso marxista do termo; unha concepción debedora do materialismo histórico. Dous dos principais ideólogos do partido nos anos setenta, Francisco Rodríguez e Ramón López Suevos (1978), establecen unha relación case directa entre a "esquerda" do PG, encabezada por Castelao e Suárez Picallo (que ademais coincidían co que poderiamos denominar sector nacionalista do partido), e a súa forma de entender o problema nacional de Galiza como o problema das clases traballadoras, e a definición de nación da UPG[20]. Neste senso é importante subliñar que o nacionalismo vai ser formulado por López Suevos como unha forma específica da loita de clases no seo dos países oprimidos[21].

---

20 Desta maneira tamén é destacado no programa do I Congreso da UPG (agosto 1977) onde se di: "os que están ouxetivamente interesados en rematar co Estado colonial forman a nación" p. 28.
21 *Ceibe*, nº 14, febreiro 1978.

TERMOS E ACLARACIÓNS

Outro elemento que se debe ter en conta para comprender o BNG é a rede multiorganizativa que se vai construíndo, a modo de círculos concéntricos ao redor das forzas políticas nacionalistas. Este complexo organizativo pode ser interpretado como un "movemento social". Sendo conscientes de que nos estamos introducindo nun "campo de minas", aínda que a comparación pareza un pouco esaxerada, a interpretación do nacionalismo como un movemento social depende moito da definición que empreguemos para referirnos aos movementos[22], de todas as maneiras para nós o nacionalismo que hoxe se explicita no BNG e que, no plano multiorganizativo, ten moito de debedor co proxecto que levou á práctica a UPG nos anos setenta, non é un movemento social, senón que, máis ben, se trata dun complexo organizativo que se pode estruturar en varios planos de actuación, desde o político até aqueles que teñen un contido máis nítido de movemento social (de novos movementos sociais), como é o feminismo ou o ecoloxismo. Entendemos ademais, que non hai un *contínuum* que poida representar na actualidade unha estrutura xerarquizada na que se sitúe unha organización como a dirixente de todo o presunto movemento. Unha diferenza fundamental cos movementos sociais é a existencia de verdadeiras organizacións estruturadas e con vocación de permanencia[23]. Este pro-

---

22 Pedro Ibarra e Francisco Letamendía subliñan: "... estes nacionalismos (*referíndose aos que eles chaman nacionalismos progresistas, que son os que xorden nos anos sesenta e setenta*) presentan un forte carácter de movemento social, non encaixan sen embargo na definición normativa máis estricta. Constitúen en realidade a forma máis acabada de "movemento/comunidade", son en tal sentido feitos totais que engloban na súa fase madura, todas as modalidades da acción colectiva..." (1999:374) Entendendo o concepto de movemento social como: "Rede de interaccións informais entre individuos, grupos, e/ou organizacións que, en sostida e habitualmente conflictiva interacción con autoridades políticas, elites e oponentes –e compartindo unha identidade colectiva en orixe diferenciada pero con tendencia a confundirse con identidades convencionais do "mundo exterior"–, demandan publicamente cambios (só en potencia antisistémicos) no exercicio ou redistribución do poder a favor de intereses cuxos titulares son indeterminados e indetermínabeis colectivos ou categorías sociais" (1999:400).
23 José Álvarez Junco referíndose aos nacionalismos periféricos no Estado español e a súa posíbel vinculación cos movementos sociais conclúe: "Os nacionalismos periféricos (...) difíciles de considerar movementos sociais en senso estrito polos

blema pódese resolver sen saír do ámbito dos partidos políticos e valéndonos das aportacións dun dos clásicos no estudo dos partidos, S. Neumann (1956), o cal fai unha distinción entre dous tipos de partido, a modo de formas típico-ideais, o de representación individual e o de integración que, á súa vez, se subdivide en outros dous tipos: de integración democrática ou de integración total. O partido de integración podería definir sen problemas o nacionalismo que se expresa politicamente en base a organizacións políticas estábeis e con fins claramente políticos pero que tamén engloba un complexo de organizacións e grupos que, cun grao maior ou menor de dependencia, normalmente ideolóxica e incluso histórico-identitaria, traballan en parcelas moito máis específicas da realidade social; organizacións das que tenta extraer a súa forza política e social, e que forman parte do proxecto "revolucionario total" que representan. Do mesmo xeito, as esixencias de compromiso á militancia son moito maiores que no tipo de partido de representación individual, un compromiso activo que se incrementa en función da situación que ocupe a organización no espectro dereita-esquerda, canto máis á esquerda maior compromiso activo, canto máis á dereita maior compromiso pasivo. Este tipo de partido pode levarnos a pensar directamente na UPG, e sen dúbida non estariamos moi afastados da realidade, tanto polo seu compoñente leninista como polo nacionalista, cando menos desde 1972, aínda que na actualidade as cousas cambiaran. Ademais, como veremos no segundo capítulo, a maior parte das organizacións de masas nacionalistas foron potenciadas pola UPG. A mesma organización agrupou todo o complexo organizativo ao que deu lugar baixo a denominación de Movemento Nacional-Popular Galego.

En conclusión, dependendo do punto de partida que utilicemos para a análise, a consideración do nacionalismo como movemento social será máis ou menos difusa, é dicir, se partimos de cada un dos planos concretos de mobilización (p.ex. o ecolóxico), o nacionalismo pode parecer máis un movemento

---

seus obxectivos claramente políticos e a súa rápida institucionalización" (1994:425).

social; pero, se enfocamos a análise desde as organizacións políticas, o movemento social perde moito do seu sentido, e máis aínda se se trata dunha organización que xa forma parte do sistema político e se considera como tal a través do seu funcionamento cotián, deixando os elementos antisistémicos no terreo ideolóxico.

Seguindo coas aclaracións debemos intentar definir algúns dos conceptos que empregaremos ao longo do traballo. Dous termos que se utilizarán constantemente son o de partido e o de frente. En primeira instancia, entendemos por partido político "...unha institución que (a) busca obter influencia nun Estado, normalmente tentando ocupar posicións no goberno, e (b) usualmente está conformado por algo máis que un único interese da sociedade e, polo tanto, perseguindo nalgunha medida *agregar intereses*" (Ware, 1996:5). Esta definición, froito dun exercicio de síntese, é, loxicamente discutíbel pero tamén presenta unha importante flexibilidade, permitindo a existencia de casos que se poidan definir como desviados, sen por isto quedar fóra do concepto de partido político entendido como unha institución. O mesmo Ware subliña que "o obxectivo dalgúns partidos é a disolución do Estado existente máis que o exercicio do poder dentro do mesmo" (op. cit, p. 2), completando a primeira definición que nos ofrece na que os partidos teñen como propósito exercer o poder dentro do Estado.

En canto ao concepto de frente, que non se cingue exclusivamente ao terreo da liberación nacional senón que máis ben é debedor dunha concepción marxista-leninista (versión maoísta) da loita política, remítese á definición política do termo. O elemento definidor vai ser o termo-adxectivo que se acompañe ao de frente, de forma que se falamos de frente nacionalista supoñemos que estamos falando dun conxunto de partidos, grupos e individuos que, compartindo unha idea común, se unen para conseguir certos obxectivos asociados con esa idea, neste caso a liberación nacional (como a Frente Sandinista de Liberación Nacional, na que coexistían partidos, grupos políticos e outras organizacións sociais que se situaban en lugares distintos no espectro esquerda-dereita); tamén temos outros tipos de frentes como o caso da Frente Popular (ou o Bloco de Esquerda en Portugal), aínda que se tratase máis dunha coalición que dunha frente, que se constituíra co obxectivo de concorrer ás eleccións de febreiro de 1936, e que se definía por agrupar a forzas próximas ideoloxicamente, neste caso de esquerdas. Partindo da propia etimoloxía dos conceptos, o partido, elemento esencial no funcionamento dunha democracia, representa unha parte na escena política aínda que cun proxecto global con vocación de gobenar a totalidade; pola contra, unha frente, menos asociada ao funcionamento normal dun réxime democrático, dá cabida a partidos, outras formas de asociación política, e individuos, cunha clara pretensión inicial de representar o todo; é dicir, compose de partes para monopolizar a representación do todo (un todo que só existe no obxectivo da frente). O concepto de frente que utilizaremos no traballo parte da definición que ofrece a UPG, xa que é no seu proxecto político onde atopamos o modelo frentista como unha parte importante do mesmo. Así, "o frente patriótico" será o instrumento para acadar a liberación das clases populares a través da liberación nacional.

Outros conceptos como o de galeguismo ou españolismo, defínense dentro dun conxunto binario[24] no que se sitúan de forma antagónica. Ben é certo que poderiamos, acudindo a Sartori (1984)[25] e á súa escala de abstracción, establecer a armazón que se deriva do concepto de galeguismo. Situaríase este nun nivel de abstracción máximo caracterizado por unha xeneralidade elevada frente a unha mínima intensión (características moi particularizadas). Aquí poderiamos englobar todo tipo de concepto que teña como suxeito a Galiza; comezariamos a baixar na escala aumentando a denotación, polo que se incrementaría o compoñente discriminatorio até chegar un momento no que os conceptos só engloben a un fenómeno en exclusiva perdendo todo o seu carácter xeral. Pasariamos do

---

24 Unha interesante análise do discurso nacionalista galego a partir do dos seus principais líderes pódese consultar no traballo de Máiz (2000).

25 Sartori, G (1984), pp. 65-83/291-302.

concepto xeral de galeguismo aos termos de galeguismo cultural e galeguismo político e dentro deste último falariamos de nacionalismo galego e así sucesivamente até chegar a conceptos marcados pola súa "unicidade" referencial.

Outro matiz que é preciso introducir refírese á definición dos elementos antisistema, que serían aqueles que van contra o sistema establecido e que poden conformar unha nova alternativa, ou simplemente teñen a súa propia razón de ser na postura antisistema. De todas maneiras, nun réxime democrático no que os procedementos son a propia esencia do mesmo, calquera que vaia contra o proceso vai inevitabelmente contra o sistema, xa que a democracia nunha definición estrita é o respecto ás normas procedementais que son as que a garanten, e ao mesmo tempo a fonte da lexitimidade de todo o sistema. Moi relacionado con este concepto está o de radicalismo. Cando se refire a partidos ou organizacións políticas, pode definirse atendendo aos medios empregados e, ou, os fins que se pretender acadar. Deste xeito podemos ter, nunha perspectiva ideal, radicalismo de medios pero non de fins (uso da violencia para chegar ao poder pero non para cambiar as estruturas do mesmo), radicalismo de fins perseguidos pero non de medios empregados (chegar ao goberno a través das eleccións para levar a cabo un cambio radical do réxime existente), e radicalismo por medios e por fins (a través de medios violentos buscar un cambio de réxime). A respecto das organizacións e partidos nacionalistas é moi interesante a relación que establece Francisco Letamendía (1997) entre o capital social do partido, a ideoloxía e as posturas sistémicas ou antisistémicas, de xeito que un partido que ten un forte capital social tenderá a ser sistémico mentres que, pola contra, no caso de que a insuficiencia do capital social sexa substituída pola ideoloxía a tendencia será antisistémica. Estes movementos poderían explicar o caso do BNG e o caso das pequenas organizacións independentistas.

No traballo tamén van ser empregados dous conceptos cunha clara connotación ideolóxica, táctica e estratexia, aínda que sería interesante facer unha reflexión sobre os mesmos, nós utilizarémolos co significado máis común, extraéndoos do esquema marxista-leninista, no cal a táctica se referiría ás accións a acometer no curto prazo pero dentro dunha formulación estratéxica máis ampla. A estratexia, neste senso, vincúlase aos obxectivos a acadar, á finalidade da propia organización. En certo modo a táctica inscríbese nun plano máis dinámico xa que estaría exposta a unha redefinición constante, que incluso aceptaría decisións que poideran *a priori* non estar en consonancia coa estatexia, mentres que esta é máis o punto de chegada, o obxectivo final, a referencia que dá sentido a todo o complexo ideolóxico e organizativo, o que a sitúa nun plano *a priori* inmutábel.

O concepto de estrutura de oportunidade política que empregaremos baséase nunha concepción que ten en conta tanto o contexto político-institucional como os actores que, ao mesmo tempo, forman parte del. Nesta relación permanente, as variábeis contextuais desempeñan un papel explicativo clave para comprender a postura que van adoptar as forzas políticas, froito dos factores que favorecen ou perxudican a elaboración dunha estratexia determinada. Pero, ao mesmo tempo, os actores e as relacións que se establecen entre eles provocan cambios na estrutura de oportunidade, o que pode conducir a un reordenamento dos condicionantes iniciais.

FORMULACIÓN E FONTES

A investigación comezou coa recollida de información sobre o proceso de constitución do BNG, un traballo que nos levou a dar un paso atrás no tempo para ir rastrexando os antecedentes de cada un dos protagonistas. Deste xeito a documentación dos partidos e grupos relevantes, aos nosos efectos, foi fundamental para ir reconstruíndo cada unha das etapas que conduciron á xenese do BNG.

A "materia prima" veu de diversas fontes, desde os traballos nos que hai algunha referencia ao nacionalismo galego actual, até os documentos dos partidos, pasando pola consulta dos xornais *La Voz de Galicia* e *A Nosa Terra*, fundamentalmente, que foron revisados completamente ao longo da etapa considerada. Pero tamén nos valemos da entrevista, nunhas ocasións informal e noutras máis formalizada, como fonte de información, partindo de que, afortunadamente, a maioría dos principais protagonistas do proceso seguen entre nós. Francisco Rodríguez, Bautista Álvarez, Ramôm López-Suevos, José Vilas Nogueira, Francisco Trigo, Manolo Vázquez, Mariano Vidal, Francisco Jorquera, foron algúns dos entrevistados[26]. Tamén debemos destacar a consulta dos voceiros dos principais partidos, como *Galicia Socialista* do PSG, *Terra e Tempo* da UPG, *Ceibe* da AN-PG, *Galicia en Loita* do MCG,... Ademais doutras publicacións da época como *Teima* ou *Mancomún*.

O traballo divídese, seguindo un criterio cronolóxico, en catro partes. Na primeira, atenderemos á aparición do nacionalismo galego actual, polo que teremos que viaxar no tempo até os anos sesenta. O obxectivo é situar as orixes de cada un dos elementos que definiron o espazo político do nacionalismo galego e que influíron de forma crucial no proceso de xénese do BNG. A UPG e o PSG serán os referentes neste primeiro apartado. Na segunda parte atenderemos á evolución do nacionalismo galego na transición. Neste caso falaremos das principais experiencias unitarias que se iniciarán co Consello de Forzas Políticas Galegas, pero tamén nos referiremos ás discrepancias entre os partidos nacionalistas así como ás diferentes experiencias de unidade que se produciron nun contexto marcado polo dinamismo. Neste caso teremos en conta tanto a constitución da primeira "coalición" nacionalista, o Bloque Nacional Popular Galego, como o nacemento de Unidade Galega como experiencia unitaria, conxuntural pero "exitosa"; o importante é sinalar os antecedentes do proceso de constitución do BNG. A terceira parte, a máis importante do traballo, diríxese á cobertura do proceso que leva á formación do BNG. O punto de partida vai ser a formación da Mesa de Forzas Políticas Galegas, en xullo de 1980, na que o PSG e a UPG volven estar

---

26 Outras fontes de información foron os libros de entrevistas a persoas que tiveron moita importancia nos procesos considerados nesta investigación. Entre eles subliñar, a modo de exemplo, o libro de conversas con Xosé Manuel Beiras de Pillado e Fernán-Vello (1989).

xuntas, e a formación da terceira coalición nacionalista: o BNPG/PSG, con motivo das primeiras eleccións ao Parlamento de Galiza, sendo o punto de chegada o nacemento do BNG e os primeiros problemas que xorden no seu seo. Introduciremos tamén unhas breves referencias á reestruturación do panorama nacionalista galego que se produce entre 1983 e 1984.

Para rematar, incluímos un apéndice dividido en tres partes: na primeira presentamos os resultados electorais en Galiza no período 1977-1983, na segunda incluímos os tres referendos celebrados en Galiza: o da Lei para a Reforma Política, o da Constitución de decembro de 1978 e o referendo do Estatuto de Autonomía celebrado en decembro de 1980, e unha terceira parte na que se sintetizan os nomes dos asistentes ás xuntanzas celebradas pola Xestora Nacional para a constitución da "organización unitaria do nacionalismo".

2. ORIXES DO NACIONALISMO GALEGO ACTUAL

O nacionalismo galego actual está representado de forma hexemónica polo Bloque Nacionalista Galego. É esta unha realidade constatábel a partir do momento no que é capaz de aglutinar á maioría dos grupos e partidos nacionalistas existentes en Galiza. Estas forzas políticas nacen en momentos diferentes dándose o caso dalgunhas que xorden como froito de escisións en organizacións preexistentes. De todas as forzas que o compoñen, as máis antigas son a Unión do Povo Galego e o Partido Socialista Galego, aínda que o PSG xa non existe como tal senón que, temos por un lado o Colectivo Socialista, escisión do PSG, e, polo outro, Unidade Galega, que a pesar de ser a herdeira dunha parte dos que levaron a cabo a fusión do PSG con Esquerda Galega (PSG-EG), mantén poucas similitudes co PSG orixinario de non ser certos militantes como é o caso do que fora primeiro alcalde democrático da Coruña, Domingos Merino.

O que nos interesa recalcar é que os primeiros partidos políticos que se forman logo da desaparición do Partido Galeguista, e da posterior etapa "culturalista" impulsada polo grupo encabezado por Ramón Piñeiro, son o PSG e a UPG. Dúas forzas que potenciarán o rexurdimento do nacionalismo en Galiza, se ben baseadas nuns principios moi diferentes ás experiencias anteriores (como xa vimos na Introdución), aínda se poden establecer certas similitudes sobre todo coa "esquerda" do PG (que tamén acostuma identificarse co nacionalismo no sentido estrito do termo).

A aproximación a estas novas experiencias convértese nun punto de referencia obrigado para entender mellor a xénese do BNG, sobre todo cando comprobamos que unha delas, a UPG, segue existindo e desempeñando un papel importante no BNG.

Co obxectivo de referirnos ao nacemento destas forzas políticas debemos partir dunha experiencia concreta como foi o "Consello da Mocedade", unha especie de "mesa de encontro dos galeguistas" para a adopción dunha estratexia política e a conseguinte constitución dun partido nacionalista galego. Este

"Consello" vai ser o resultado da coñecida como a "Operación Pomba Mensaxeira" dirixida por Antón Moreda e que ía destinada a poñer en contacto aos partidarios do galeguismo político, e á extensión do mesmo. A experiencia vital do Consello foi moi curta, fracasando pouco tempo despois da súa primeira convocatoria. A dimisión de Antón Moreda pon o punto e final ao primeiro intento de conseguir unha oposición antifranquista nacionalista galega e, en certo modo, frustra as esperanzas de revitalización do Partido Galeguista. Este posicionamento que se viña mantendo desde o Consello de Galiza e implicara a ruptura definitiva co galeguismo do interior, representado por Piñeiro e o seu grupo, en 1958. A verdadeira causa da ruptura do Consello da Mocedade, e da dimisión de Moreda, foi a existencia de dúas posturas enfrentadas e irreconciliábeis politicamente[27]; unha, encabezada polo coñecido como grupo de Piñeiro que defendía unha liña europeísta buscando a implantación en Galiza do modelo bipartidista europeo, formado por un partido socialdemócrata e outro democratacristián; a outra, claramente nacionalista, moi influída pola onda descolonizadora na que estaba sumido o contexto internacional, encabezada por un grupo de mozos galegos que viñan, principalmente, de Madrid onde tiñan organizado o grupo coñecido co nome de *Brais Pinto*, e que asistían moi a miúdo ao Comité das Nacionalidades da UNESCO (foro de encontro de moitos galegos que non se decantaran polo nacionalismo). Este enfrentamento remata coa expulsión (ou abandono) do Consello do grupo máis "radical", nunha reunión celebrada en xaneiro-febreiro de 1964. Este feito non só implicou a fin do proxecto senón tamén a do seu promotor[28].

Ambos os dous grupos puxéronse a traballar pola súa conta nos proxectos que defenderan no seo do Consello. O grupo

---

27 Aínda que tamén se podería sinalar, como se deduce do escrito, unha terceira postura que sería a encabezada por Moreda e que defendería a "revitalización" do Partido Galeguista.

28 Manuel Maria, que militou na UPG, fai un relato dos feitos sinalando que as disputas dentro do Consello estiveron centradas en torno a Méndez Ferrín e Arcadio López Casanova; para el, a principal víctima do Consello foi Antón Moreda que rematou ingresado no psiquiátrico de Castro (del Caño, 1990).

de Piñeiro deseña, por un lado, un partido socialdemócrata, o Partido Socialista Galego, do que se responsabilizaría a Francisco Fernández del Riego e, polo outro, un partido democrata-cristián que se chamaría Democracia Cristiana Galega (ou Partido Demócrata-Cristiano Galego), do que se encargarían Xaime Isla e Domingo Fernández del Riego e que finalmente non chegou a ser unha realidade. O PSG, pola contra, convértese nunha realidade, definíndose inicialmente como un partido socialista democrático defensor dun federalismo europeísta. Por esta vía asistimos ao regreso á política do denominado grupo de Piñeiro, o que supón que non abandone definitivamente a loita antifranquista. O esquema de Piñeiro, e dos galeguistas que formaban parte do grupo, podería resumirse do seguinte xeito: 1) unha liña de promoción da cultura galega, concretada na creación da editorial Galaxia (1950) e de todas as revistas e coleccións ás que deu lugar; 2) unha liña política propia (1963-1972), que remata na creación dun partido socialista federalista; e 3) unha liña política "galeguizadora", co obxectivo de galeguizar os partidos de implantación estatal que tiñan presenza en Galiza, e que se concretará coa inclusión de certos membros do grupo como independentes nas listas dos principais partidos políticos de ámbito estatal de cara ás primeiras eleccións autonómicas de 1981.

Pola contra, o outro grupo, de tendencia marxista e claramente nacionalista anticolonialista, reagrúpase en torno a un manifesto que redactara en Madrid a finais de 1963 baixo o nome de Unión do Povo Galego[29]. Esta denominación será a que se utilice para bautizar a organización que nacerá oficialmente en xullo de 1964.

A principios dos anos sesenta a dureza do réxime comeza a ser menos abafante, e en Galiza, ao igual que no resto do Estado (con independencia das diferencias existentes que son máis debedoras da situación en cada parte do Estado), asistimos a un crecemento económico, importante e sostido. Non se trata-

---

29 Información obtida nunha entrevista realizada a Bautista Álvarez, presidente da UPG e deputado do BNG no Parlamento de Galiza.

ba dun mero dato conxuntural, senón que se estaban dando as circunstancias para sentar as bases dunha modernización económica e social. O Plan de Estabilización de 1959, como primeira medida para acabar coa irracionalidade da política autárquica inicial, supón o primeiro paso cara a nova etapa, que vai rematar, en liñas xerais, coa extensión do capitalismo a todas as partes do territorio estatal.

En Galiza, o fenómeno migratorio incrementarase considerabelmente, configurándose como unha das notas definitorias da experiencia vital dos galegos, aínda que agora o destino será preferentemente Europa. O sector primario, fundamental en Galiza, pero sumido nun modo de produción precapitalista orientado máis á subsistencia que ao mercado, inicia unha etapa de transformación importante cara á especialización que esixe o sistema capitalista. O sector industrial, moi relacionado co incremento dos investimentos estranxeiros, practicamente inexistentes até os anos sesenta, comeza a desenvolverse fundamentalmente en cidades como Vigo, Ferrol ou A Coruña. Sectores como o naval (Astano), o da automoción (Citroën), ou o das celulosas (Ence), empregarán un continxente importante de man de obra, a nova clase obreira, provocando, ao mesmo tempo, un transvasamento de poboación considerábel dentro do territorio galego. Todo isto, unido ao rápido proceso urbanizador que faría crecer as cidades tanto en extensión como en número de habitantes. A creación dun tecido industrial, a modernización do sector agropecuario, e a progresiva introdución no mercado capitalista, repercuten de forma ineludíbel na sociedade galega[30]. A nova estrutura social que comeza a xurdir froito destes cambios, caracterizarase pola importancia que van ir adquirindo a clase obreira e as novas clases medias, moi relacionadas co impulso do sector servizos. Ambas as dúas protagonistas da politización que comeza a constatarse nestes anos. É neste intre cando se producen os primeiros conflitos provocados polas negociacións dos convenios colectivos, o que esixe a organización de sindicatos de clase.

---

30 Para ampliar información sobre esta etapa pódese consultar, entre outras obras, o libro de Camilo Nogueira, Luís Soto e Xan L. Facal (1980).

As primeiras comisións obreiras xorden nestes anos. Tamén aparecen na Universidade organizacións de estudantes, unhas impulsadas por partidos políticos como é o caso da Asociación Democrática de Estudiantes (ADE) impulsada polo Partido Comunista de España, e outras que nacen sen ningún tipo de vinculación partidista como foron as Asembleas Libres de Estudiantes Universitarios (ALEU), organización que tiña entre as súas principais demandas a democratización da sociedade.

Neste contexto de grandes transformacións, é onde se comeza a xestar o novo nacionalismo galego, ao igual que acontece en Cataluña, no País Vasco e nas Illas Canarias[31].

2.1. O Partido Socialista Galego (PSG)

O PSG constitúese como a primeira experiencia politicamente organizada en Galiza desde a disolución do Consello da Mocedade. Como xa vimos, a súa formación respondía ao proxecto político de Ramón Piñeiro, deseñado atendendo a un modelo bipartidista de tipo europeo que incluía dúas opcións, unha socialdemócrata e outra democratacristián. O PSG representa a primeira delas.

A súa fundación está datada o 23 de agosto de 1963 na Coruña, no despacho do avogado Sebastián Martínez Risco. Entre as persoas que están presentes no acto fundacional destacan: Manuel Caamaño Suárez, Xosé Luís Rodríguez Pardo, Mario Orxales, Salvador Rey, Salvador García-Bodaño e Cesáreo Saco. Desde a súa constitución, comézase a encher de contido o proxecto inicial, agrupando a un conxunto de persoas en torno ao novo partido. Neste grupo, que poderiamos denominar como orixinario, constátase a presenza dun conxunto de "vellos" galeguistas como Francisco Fernández del Riego (que desempeñará un papel fundamental dentro do partido na súa primeira etapa), Amado Losada, Luís Viñas Cortegoso ou Domingo Pombo, todos eles procedentes do Partido Galeguista e (ou) da súa

---

31 Sobre a aparición dos nacionalismos no Estado español, fundamentalmente do Vasco e do Catalán, pódese ver o libro de Núñez Seixas (1999). No tocante ao nacionalismo canario é recomendábel o traballo monográfico de Barrenechea (1978).

Federación de Mocedades Galeguistas, pero tamén, atopamos un grupo numeroso de xente nova que xa nada tiña que ver co vello PG, como Xosé Manuel Beiras, Valentín Arias, Fernando Pérez Barreiro ou Teresa Barro, entre outros moitos. O PSG, neste senso, supuña unha ponte interxeracional.

O primeiro documento do PSG do que se ten constancia, os "Principios Ideolóxico-Políticos" (tamén coñecido co nome de "Os Nosos Principios"), data de agosto-setembro de 1964 (Pillado e Fernán-Vello, 1989:147), sendo posteriormente publicado no primeiro número de *Adiante*, voceiro orixinario do partido. Este documento, comezaba sinalando que o PSG nacía co lema "federalismo, socialismo, democracia" para logo desenvolver nove principios clave entre os que se encontraban a aposta por un sistema económico de "planificación descentralizada" e por unha "democracia socialista federal". Dos nove principios, ningún se refería á consideración do PSG como un partido nacionalista. Esta omisión respondía aos postulados do grupo de Piñeiro que, como recordamos ao falar do Consello da Mocedade, manifestaban o seu descontento pola creación de partidos nacionalistas galegos.

Un dos elementos que caracteriza os primeiros anos de vida do PSG é o establecemento de vínculos con outros partidos socialistas europeos. Con este obxectivo, Cesáreo Saco, Mario Orxales e Xosé Manuel Beiras asisten no outono de 1964 á Riviera italiana a unha reunión de socialistas. Ao ano seguinte, celébrase en Alemania outra xuntanza, á que acoden Salvador Rey, Xosé L. Rodríguez Pardo e Francisco Fernández del Riego en representación do partido. Dentro do Estado español, destacan as estreitas relacións que se establecen co Movemento Socialista de Cataluña (Beramendi e Núñez, 1996:232). O círculo relacional do partido vaise establecer desde un principio, atendendo fundamentalmente ao seu carácter socialista.

A finais dos anos sesenta o PSG entra nunha etapa de inactividade practicamente absoluta que situou o partido a piques da súa desaparición (Pillado e Fernán-Vello, 1989:171), e que non se verá superada ata principios dos anos setenta. De feito, nos anos que van desde a fundación ata 1970-71, non

41

deixa de ser un pequeno partido de cadros[32]. O primeiro paso para a superación desta etapa inicial vai ser a reestruturación da dirección nos anos 1970-71, que se saldaría co abandono de Francisco Fernández del Riego da cúpula directiva do Partido (até este momento exercera como secretario xeral) e coa conformación dunha nova Secretaria Colexiada na que entrarían homes como Xosé Manuel Beiras (asumindo o cargo de secretario político), Mario Orxales, Valentín Arias e Manuel Caamaño Suárez, que lle darían un novo pulo ao Partido (Beramendi e Núñez, 1996). A nova secretaría vai levar a cabo os cambios máis transcendentes no seo do PSG desde a súa constitución, comezando pola reestruturación da organización interna e continuando cun importante proceso de redefinición ideolóxica e estratéxica.

Un feito destacábel nesta nova etapa que expresa o xiro explícito do PSG cara ao nacionalismo, é o documento asinado polo PSG e a UPG no que se analizan as bases da dependencia histórica e a situación colonial de Galiza[33]. Este documento ten, para nós, moita importancia polas seguintes razóns:

1) Polo seu contido en canto que análise da historia de Galiza, da súa economía e da súa cultura.

2) Por ser a primeira ocasión na que a UPG e o PSG coinciden nunha serie de postulados básicos. Este feito vai supor un achegamento do PSG ao nacionalismo que xa viña expresando a UPG.

3) Por definir a nación galega como unha "colonia interior"[34], destacando as características diferenciais respecto ás

---

32 Aínda que houbo algúns acontecementos puntuais nos que se viron implicados militantes do PSG como é o caso dos sucesos da presa de Castrelo de Miño. "15 anos do PSG", *Galicia Socialista*, 2º xeira, setembro 1978, pp. 4-5.

33 *Texto conxunto encol de Galicia. UPG e PSG. Por unha Galicia Ceibe e Socialista"* Edicións *Terra e Tempo*. A pesar de que se fai público entre 1972-73 a redacción deste documento remóntase a finais dos anos sesenta (ninguén ofrece unha data exacta). Entre os seus redactores destacan Xosé Manuel Beiras, Camilo Nogueira, Méndez Ferrín, Xabier Pousa e Xan López Facal (Pillado e Fernán-Vello, 1989: 158).

34 Concepto que é recollido por Xosé Manuel Beiras da obra de Robert Lafont, *La Revolución Regionalista*. As colonias interiores defínense por ser "rexións proletarias" nas que non existe unha clase capitalista propia; pola primacía das industrias extractivas sobre as de transformación; e pola desposesión do terreo agrícola, dos circuítos de distribución e dos recursos turísticos. (Edición en español: Barcelona: Ariel, 1971, pp. 119-156).

colonias do considerado Terceiro Mundo. Sendo a primeira ocasión na que isto se expresaba nun documento estritamente político.

A segunda razón exposta ten unha importancia crucial, aínda que as demais non sexan desbotadas, xa que vai ser fundamental a relación entre ambos os dous partidos para entender o camiño cara á creación do Bloque Nacionalista Galego. O feito de que se asinase un documento conxunto ten unha importancia decisiva para romper cun período de autoillamento recíproco moi en consonancia coa influencia que tiñan certos persoeiros no PSG.

A nova dirección que se fai cargo do Partido en 1970-71 comeza, como xa adiantamos, un proceso de redefinición ideolóxica que remata coa redacción dun conxunto de doce grandes principios, que se agruparon na denominada "Declaración de Principios", nos que se pode apreciar claramente a evolución do PSG de cara a postulados revolucionarios e nacionalistas. Neste conxunto de novos principios, que estarán en vigor até a fusión do PSG con Esquerda Galega (EG) en xuño de 1984, refírense a Galiza como unha "comunidade nacional subdesenrolada e colonizada" (Principio 2) sometida á explotación imperialista a través do "Estado centralista Español" (instrumento do capital), e como consecuencia desta situación deféndese o dereito de autodeterminación, o combate do sistema capitalista e o anticolonialismo (Principio 3); máis adiante atopamos unha proposta que será empregada constantemente en relación co problema do Estado español e que se resume nunha "fórmula federativa prao artellamento do futuro Estado da península Ibérica" (Principio 11). Outros principios destacábeis son: a defensa do idioma e da cultura de Galiza (Principio 8), a solidariedade cos pobos ibéricos e cos pobos explotados do mundo (Principios 9 e 10), e a defensa da democracia interna como unha das características fundamentais do funcionamento do partido (Principio 12). É de subliñar a énfase que se lle imprime á necesidade de que o socialismo sexa unha verdadeira "corrente de masas" (Principio 5)[35]. Nesta Declaración ocupa

---

35 Partido Socialista Galego: *Declaración de Principios* (1978).

un espazo importante a revolución do proletariado como motor para a consecución do obxectivo final do *constructo*: "unha Galicia ceibe e socialista"[36]. O PSG en dez anos, pasaba de ser un proxecto político de partido socialdemócrata non nacionalista, dentro do esquema prefixado polo grupo de Piñeiro, a converterse nun partido marxista e nacionalista[37]. A influencia de Xosé Manuel Beiras e a súa análise da realidade galega é fundamental para entender esta evolución. A súa formulación ten como premisas iniciais a consideración de Galiza como unha nación desde o punto de vista xeográfico e económico, e a situación da mesma como "periferia europea" (colonia interior) e non como "colonia terceiromundista".

Cando o franquismo chegaba á fin dos seus días, o PSG comeza a traballar en proxectos a nivel estatal para preparar a probábel transición á democracia. Deste xeito, en 1974 participa na constitución da Conferencia Socialista Ibérica, da que tamén forma parte o PSOE até a súa autoexclusión en marzo de 1975. En xuño de 1976, a Conferencia Socialista reconvértese na Federación de Partidos Socialistas do Estado español[38] da que o PSG será membro fundador. A participación do partido nestas plataformas de carácter estatal precisará ser matizada en certas ocasións para argumentar a súa presenza nelas[39].

---

36 De feito, dos doce principios da Declaración, o cuarto, encabezado co título de "Camiño cara o socialismo", dividíase en sete apartados nos que se aposta pola vía revolucionaria como único camiño para a consecución da "liberdade real" (*Declaración de Principios*).

37 Segundo X. M. Beiras os cambios que se producen no PSG non significan unha radicalización senón unha especie de *aggiornamento* dun proxecto político que non respondía ás necesidades de Galiza (Pillado e Fernán-Vello, 1989: 166-168).

38 Na fundación da FPS atopábase o PSG, Convergència Socialista de Catalunya (despois Partit Socialista de Catalunya), Partit Socialista del País Valenciá, Reconstrucción Socialista, Eusko Socialistak, e outras pequenas organizacións políticas doutras partes do Estado.

39 Hai que ter en conta que o PSG partía da premisa de que "o problema político de Galicia pasa polo problema político do Estado Español", matización que nos axudará a entender a posición do PSG ante as plataformas de carácter estatal. Esta premisa faise pública coa intención de explicar as razóns polas que o PSG, en canto que partido nacionalista, forma parte dunha federación de partidos a nivel estatal ("O PSG e a Federación de Partidos Socialistas do Estado Español (FPS)". *Galicia Socialista*, nº 1, Santos de 1976, p. 10.

Atopámonos en 1975 cun PSG caracterizado por ser unha pequena organización de cadros que non chegara a superar a cifra dos cen militantes. O fundamental nestes anos é o cambio de dirección producido, que tamén se poderá constatar na UPG aínda que en diferente grao e intensidade (fundamentalmente polo punto de partida de cada un deles). No caso do PSG pásase dun partido que apostaba polo federalismo e o socialismo democrático, a un partido expresamente nacionalista, que defende unha vía revolucionaria para acadar o socialismo e a autodeterminación para o pobo galego. Este xiro provocará, andando o tempo, graves problemas no seo do PSG.

Un dos feitos subliñábeis na evolución do partido é a incorporación a finais de 1975 do Movemento Socialista de Galicia (MSG), no marco aberto coa creación da Conferencia Socialista Ibérica. O MSG era un pequeno grupo encabezado por Alfonso Álvarez Gándara, Francisco González Amadiós "Panchulo" e Xosé Bar, constituído entre xaneiro e marzo de 1975. Entre os seus principios fundamentais figuraban: a defensa do autogoberno para Galiza na óptica do socialismo democrático e a formación dun "verdadeiro Partido Socialista de Galicia"[40].

Esta incorporación inaugura unha nova etapa desde o punto de vista organizativo na que o PSG vai ir ampliando a súa afiliación dunha maneira relativamente considerábel, chegando a superar a cifra de 600 membros nos mellores momentos do período comprendido entre 1975 e 1980.

No terreo sindical é importante subliñar que o PSG inclúe entre os seus principios ideolóxico-políticos unha clara diferenciación orgánica e funcional entre o partido e o sindicato defendendo o principio de non interferencia. Por conseguinte, as súas accións neste ámbito dirixiranse á constitución dun órgano do partido, a Frente Obreira, coa principal función de coor-

---

40 O primeiro documento do MSG do que se ten constancia, está datado a 14 de abril de 1975, nel faise un chamamento a todos os grupos e partidos socialistas e socialdemócratas que teñen presencia en Galiza coa finalidade de preparar un proceso de confluencia nun "verdadeiro Partido Socialista de Galicia", e a posterior integración do "novo partido" nunha federación dos partidos socialistas das diversas nacionalidades e rexións do Estado español, que se constituiría como o "verdadeiro Partido Socialista de España (*Invitación ao debate encol do posible Partido Socialista de Galicia*).

dinar a actuación dos seus afiliados. A afiliación dos membros do partido a título individual na Unión Sindical Obrera (USO)[41] vai ser a nota dominante nos anos setenta (Beramendi e Núñez, 1996:233).

2.2. *A Unión do Povo Galego (UPG)*

Constitúe este, un dos apartados principais da primeira parte do traballo dado que nel nos referiremos ao partido máis "vello" do panorama nacionalista galego actual, que conta con corenta anos de vida e segue funcionando como un partido político, mantendo os seus principais órganos de dirección, aínda que con algúns cambios, e celebrando congresos de forma periódica, normalmente cada dous anos.

Non pretendemos realizar unha análise minuciosa da evolución da UPG, como é evidente non é este o lugar, pero si desexamos salientar todos aqueles momentos que dalgún xeito marcaron o seu devir ideolóxico-organizativo.

A Unión do Povo Galego xorde da confluencia dun grupo de "vellos" galeguistas procedentes do PG e do PCE e un grupo de mozos estudantes e traballadores que comezan a relacionarse en Madrid a finais dos anos cincuenta, fundamentalmente en torno ao grupo *Brais Pinto*[42]. A necesidade de crear unha oposición antifranquista galega é unha idea que, paradoxalmente, volve vir de fóra de Galiza; primeiro o Consello de Galiza desde América, que insistía na estratexia política e isto supúxolle a ruptura co chamado "galeguismo do interior", e despois desde Madrid o grupo *Brais Pinto*. Es-

---

41 A USO xorde en 1961 a partir de grupos católicos como Hermandad Obrera de Acción Católica (HOAC) e Juventudes Obreras Católicas (JOC).

42 O grupo *Brais Pinto*, tamén coñecido como "o grupo dos pintores", contaba entre os seus integrantes con: Bautista Álvarez, Reimundo Patiño, Xosé A. Cribeiro, Ramón Lourenzo, Xosé L. Méndez Ferrín, Bernardino Graña, Xosé Fernández Ferreiro, Herminio Barreiro,... Os primeiros contactos con textos marxistas dalgún dos integrantes do grupo, como Reimundo Patiño, tivo lugar a través de Luís Seoane nunha das súas viaxes a Madrid a finais dos cincuenta-principios dos sesenta (información aportada por F. Pillado en referencia a unha conversa que mantivera con Reimundo Patiño).

tas dúas posturas, "a de América" e "a de Madrid", conflúen, como xa vimos, no Consello da Mocedade, unha representada por Moreda e a outra por Méndez Ferrín e Bautista Álvarez, entre outros.

A primeira ocasión na que se fala de unión do pobo galego é a finais de 1963[43], antes de que se producise a ruptura definitiva do Consello da Mocedade, cando un grupo de integrantes do *Brais Pinto* se posiciona a favor de construír unha frente de liberación nacional, ao estilo Alxeriano (lembremos que Alxeria consegue a independencia en 1962 logo dunha loita pola liberación que será mitificada). A denominación elixida, unión do povo, buscaba expresar esa idea dunha frente na que puideran confluír todos os sectores populares galegos. Haberá que esperar até o ano seguinte, concretamente o 25 de xullo[44], para asistir ao nacemento formal da Unión do Povo Galego como "un frente que se propón a tódolos galegos que aceiten os seguintes principios mínimos"[45]. É neste momento cando podemos comezar a falar dunha quebra clara dentro do nacionalismo galego. O Partido Galeguista e as súas formulacións deixaran de ser o principal núcleo de imputación do nacionalismo galego, o contexto económico e social estaba cambiando e xa non se daban as condicións para resucitar o, a partir deste momento, "vello" PG.

Galiza comézase a ver como unha víctima máis do impe-

---

43 No segundo artigo do primeiro número de *Terra e Tempo,* datado en 1965, asinado co seudónimo de ZUTRA, e baixo o título de "A NACIONALIDADE GALEGA", atopamos a primeira referencia a un documento constitucional datado en 1963, para deseguido referirse ao "Programa mínimo" de 1964.

44 É frecuente cando se fala do nacionalismo galego contemporáneo situar o nacemento da UPG nun bar da Rocha. Entre os asistentes á xuntanza inaugural, había militantes do PC e membros da xa desaparecida Federación de Mocedades Galeguistas, entre os que estaban Bautista Álvarez, Xosé Luís Méndez Ferrín, Reimundo Patiño, Xosé A. Arjona, Luís Soto, Celso Emilio Ferreiro, Mª Xosé Queizán e Luís Gonçalez Blasco "Foz". Esta xuntanza vaise repetir un ano máis tarde na mesma data, quedando reducida a UPG inicial a estes contactos esporádicos e ao traballo que desempeñan en América Celso Emilio Ferreiro e Luis Soto, encargados da publicación dos primeiros números do *Terra e Tempo*.

45 Este era o encabezamento dos *Dez principios mínimos* da UPG, primeiro documento que publica a nova organización no primeiro número do *Terra e Tempo,* datado en 1965.

rialismo, neste caso o do Estado español. Este postulado inicial vai servir para asentar todo o *constructo* ideolóxico do novo nacionalismo galego. O agrarismo, o cooperativismo e o Estatuto de Autonomía van ser substituídos polo proletariado, a revolución e a autodeterminación. Esta "primeira" UPG comeza a dar os seus primeiros pasos prácticos no conflito da presa de Castrelo de Miño, en 1966, feito que se considera como o seu "bautismo de fogo" e ao que non se fai ningunha referencia no I Congreso[46]. Considérase esta a primeira ocasión na que a UPG se implica nalgún conflito social, se ben neste caso en colaboración directa co Partido Comunista de España, forza que hexemonizaba a oposición antifranquista en Galiza. É importante subliñar o caso de Castrelo, fundamentalmente por ser considerado como a presentación pública da UPG e polos efectos que tivo sobre a poboación a presenza dun novo grupo de loita contra o franquismo.

Entre 1964 e 1970-71, a militancia da UPG redúcese ao grupo de militantes fundadores, artellado inicialmente en tres núcleos: Vigo (en torno a Méndez Ferrín), Madrid (Bautista Álvarez) e o exilio (Celso Emilio Ferreiro e Luis Soto)[47], ampliándose en 1967-68 a un conxunto de mozos procedentes de dous núcleos esencialmente, por un lado os de Vigo (o labor do "Padre" Seixas vai ser fundamental), no que estaban Xosé González "Pepiño", Moncho e Manolo Reboiras,...; e o grupo de Santiago que xira en torno ás figuras de Xesús Sanxoás e de Ramón Muñiz. O partido neste período inicial non superaba a cifra dos cincuenta militantes. Aínda que nace como un grupo político moi pouco formalizado, desde o principio a UPG mostrou unha forte tendencia a impregnarse dun complexo ideolóxico importante.

---

46 No I Congreso da UPG faise unha pequena reflexión sobre os primeiros pasos da organización, situándoa a modo de primeira etapa, así "nos primeiros pasos, a UPG intentou ser unha especie de Frente destinado a galeguizar á esquerda españolista entón esistente en Galicia. [...] estes primeiros anos do noso Partido debátense no puro ideoloxismo [...] a falta de acción é a característica máis acusada." (*Informe do Comité Central presentado polo secretario xeral*, p. 6). Seguidamente xustifican esta situación partindo do contexto de "país colonizado" no que estaba xurdindo.

47 Celso Emilio desempeña un papel destacado na creación, en maio de 1966, da Secretaría de Relacións Exteriores da UPG en Venezuela.

Nestes anos é interesante deterse na relación que vai manter a UPG co PCE, xa que é o momento no que a UPG necesitaba buscar o seu "territorio", e a única maneira de facelo era entrando no espazo do PCE. A UPG non se declarou expresamente comunista nos primeiros anos, aínda que no artigo citado na nota ao pé número 43, e referíndose ao documento constitucional, di "a nosa salvación como povo sóio pode se conquerir pola revolución proletaria, pola loita libertadora das crases traballadoras". Destacamos esta referencia para indicar que a UPG sempre mantivo unha clara tendencia cara ao marxismo[48]. Este feito, unido a que o PCE era a organización que controlaba toda a oposición antifranquista existente e, así mesmo, toda capacidade de mobilización, provoca que sexa o "inimigo a bater" para poder controlar un espazo ideolóxico no que se atopaban directamente enfrentados. O combate ideolóxico é a primeira tarefa da que se ocupan os membros da UPG. Este enfrentamento vai ter dous efectos encadeados, por un lado o PCE vai crear en 1968 o PC de Galicia (PCG) e, polo outro, a UPG vai responder cun documento no que se posiciona sobre a creación da que denominan "sucursal" galega do PCE. Este documento ten unha certa importancia xa que nel se resaltan as diferencias co PCE, e ao mesmo tempo a UPG define o seu papel e o seu espazo político[49].

Pódese dicir que até o ano 1971 non se comeza a percibir claramente a independencia absoluta da UPG con respecto aos partidos que van ser definidos como "españolistas"[50]. Vai ser a partir deste momento cando se comece a afondar nas teses nacionalistas.

A primeira etapa na evolución da UPG pode considerarse como rematada coa resolución da "crise" interna producida

---

48 "A UPG apareceu como un movemento de núcleos con esencia marxista, pero non especificada; como un movemento populista de liberación da Galiza, chegando aos límites da esquerda pero sen se definir concreta e correctamente cunha doutrina marxista-leninista". (Soto, 1983:260).

49 O documento denomínase: *Encol da eventual creación dun Partido Comunista de Galicia polo PCE*. A relación entre o PCE e a UPG nestes anos pode ampliarse recorrendo ao libro de Santidrián (2002:578-582).

50 A colaboración da UPG con organizacións de implantación estatal, sobre todo de extrema esquerda, pode consultarse na investigación de A. Romasanta, pp. 51-56.

como consecuencia do intento de introducir o partido na Federación de Comunistas de España[51]. Esta operación, coñecida co nome de "caso Torres"[52], é abortada por un grupo de militantes novos que desde Vigo se fan co control dos órganos de dirección do partido[53]. O conflito sáldase co abandono do grupo defensor da fusión, que finalmente se integra no Movemento Comunista. A partir deste momento a UPG vai tomar un novo pulo, manifestado inicialmente na perda do poder organizativo dunha parte importante dos fundadores. Militantes como Xosé L. Méndez Ferrín, ou Luís Soto (na emigración desde que é expulsado do Estado español en 1966), que até ese momento controlaran a dirección dunha UPG moi pouco estruturada, deixan de ser esenciais para o partido. Pola contra, mozos como como Xosé González "Pepiño" (ou Pepe de Teis), Xosé García Crego, Henrique Harguindey, Margarita Ledo ou Ramón Muñiz comezan a ter un papel relevante nos postos de dirección. Un grupo que non ten nada que ver co Partido Galeguista nin con Ramón Piñeiro.

Na primeira etapa o funcionamento da UPG canalízase fundamentalmente a través das asociacións culturais que van ir proliferando desde a publicación da Lei de Asociacións de 1966, aínda que algunha delas xa fora constituída con anterioridade. Atopámonos coa Asociación Cultural en Vigo, a Asociación O Castro no Morrazo, a Asociación Auriense en Ourense, O Galo en Santiago, entre outras. Estas asociacións van ser utilizadas pola UPG como vía de comunicación, servindo ao mesmo tempo como instrumentos de captación de novos militantes. Era frecuente recorrer ás asociacións culturais para transmitir mensaxes políticas dadas as circunstancias de clandestinidade e continua vixilancia á que estaban sometidos. Este complexo asociativo funcionará como o soporte básico para a

---

51 Organización que xorde dos restos da Frente de Liberación Popular (FLP), e que vai converxer cunha escisión que se produciu en 1967 na liña máis proletaria de ETA, coñecida como grupo Komunistak. A converxencia entre os dous grupos prodúcese en 1971 adoptando o nome de Movemento Comunista de España, polo que o intento de integrar á UPG sitúase na operación dirixida á creación dunha nova forza política con representación en todo o territorio estatal.

52 O nome vén do militante Xosé Torres que encabezaba o grupo favorábel á integración na Federación de Comunistas de España.

construción da futura frente cultural da Asamblea Nacional-Popular Galega.

Os sucesos que se producen en 1972 serán determinantes para o impulso dun proxecto que comezara a deseñar a nova dirección da UPG en 1971. As folgas de Ferrol, Santiago e Vigo, e a forte represión policial coa que se castigan serven como "materia prima" sobre a que edificar o partido[54]. A nova dirección, que funcionaba nunha estrita clandestinidade, baixo un código moi informal, imprime un novo pulo con claros matices revolucionarios.

Este novo proxecto incluía un importante complexo organizativo que culminaría coa construción do "verdadeiro partido comunista de Galiza", partido vangarda que tería como principal función a de servir como guía dun conxunto de organizacións destinadas a cubrir todos os ámbitos da sociedade galega. En primeira instancia aténdese ao mundo universitario dadas as facilidades das que se dispuña para acadar unha organización axeitada. O asasinato do estudante Xosé María Fuentes vai ser utilizado como o principal detonante para a creación de Estudiantes Revolucionarios Galegos (ERGA), a primeira organización de masas auspiciada en 1973 por militantes da UPG. ERGA acada unha importancia decisiva tanto por ser unha fonte de futuros dirixentes como pola forza que vai ir adquirindo na Universidade e nos Institutos, posuíndo unha capacidade de mobilización elevada, que, ao mesmo tempo, será utilizada para ampliar a presenza da UPG[55]. A loita labrega vai ser outro dos campos a cubrir. A presenza da UPG

---

53 O "golpe de man" orixinouse nos chamados "Comités Organizados da Militancia". Naquel momento os principais órganos da UPG eran o "Cúmio" Central e o Comité Executivo.

54 Neste *Terra e Tempo*, atribuído a Luís Gonçález Blasco "Foz", a UPG posiciónase, por primeira vez, de forma oficial a prol da loita armada como resposta ante as agresións do réxime e como medio para a liberación nacional. Unha estratexia fundamentada na tese da revolución incitada ("forzada") de Regis Debray.

55 Para coñecer con máis detalle a organización da UPG nestes anos é recomendábel a consulta do libro de conversas con Manuel Mera de Xan Leira (2000). Resulta tamén interesante o *Terra e Tempo* nº 12 (setembro-decembro de 1999) adicado á análise dos 35 anos de existencia da UPG. Polo que respecta a ERGA temos un libro de artigos escritos por militantes que tiveron un papel destacado na evolución da organización editado polos CAF e os CAEF, *ERGA: un lume que prendeu.*

xa se pode datar nos sucesos de Castrelo coa creación dos chamados "Tercios de Asalto" (pequenas cuadrillas integradas por labregos e membros da UPG dirixidas a boicotear a construción da presa), e máis tarde na constitución dos Comités de Axuda á Loita Labrega (1971) como consecuencia da "famosa" cota da Seguridade Social Agraria, e a oposición á concentración parcelaria que se iniciara a principios dos sesenta. As estruturas facilitadas polas escolas de capacitación agraria teñen un papel fundamental en ambos casos. Pero non será até 1973 cando se comecen a dar os primeiros pasos para a organización das Comisións Labregas (CC.LL.), co obxectivo de crear o sindicato labrego do partido.

A UPG precisaba tamén dun sindicato obreiro, correa de transmisión fundamental para un partido comunista, e esta tarefa non se podía facer esperar. Os primeiros traballos orientáronse a atraer a algúns dos grupos existentes como era o caso de Galicia Socialista ou Organización Obreira, ambos os dous coa finalidade de darlle á UPG o compoñente obreirista do que carecía. Galicia Socialista incorpórase á UPG en 1972 aportando cadros como Camilo Nogueira ou Xan López Facal. Pola contra a incorporación da Organización Obreira resultou frustrada[56], aínda que algún dos seus membros rematou incorporándose á UPG a título individual. A partir dos sucesos de Ferrol de 1972[57], que acaban co asasinato de dous manifestantes (Daniel e Amador), encárgaselle a un grupo de militantes conducido por Moncho Reboiras e Xan López a organización do sindicato obreiro do partido, que finalmente será creado en maio de 1975 co nome de Sindicato Obreiro Galego (SOG).

Como partido comunista que buscaba a liberación de Galiza a través da "revolución nacional-popular" para logo acadar unha sociedade sen clases, comeza a barallar a idea de crear un grupo armado para responder ás agresións do "Estado re-

---

56 Organización Obreira era un grupo que proviña das Xuventudes Comunistas, organizado como a sección galega da Organización Marxista Leninista de España (OMLE), dando lugar posteriormente ao Partido Comunista Reunificado (PCE-r-) e finalmente aos GRAPO.

57 Estes sucesos enmarcábanse nunha manifestación de Comisiones Obreras (CCOO), único sindicato forte naquel momento.

presor". Neste esquema, a violencia era considerada como unha peza clave na loita pola liberación en canto que resposta ao "agresor exterior". É, neste intre, cando comezan a establecerse contactos coas organizacións ETA e LUAR (Liga de União e Acçâo Revolucionária, organización da extrema esquerda portuguesa) para conseguir axuda no proxecto armado. Os sucesos de Ferrol de agosto de 1975, nos que a policía abate a tiros a Moncho Reboiras e posteriormente detén a catro militantes da UPG[58], poñen o punto e final ao intento de crear o brazo armado do partido. Este fracaso abre un debate interno que conclúe coa redefinición da táctica, abandonando a loita armada como medio para conseguir a liberación nacional[59].

En maio de 1975, preséntase en Portugal unha nova organización que pretende ser unha asemblea de masas anticolonialista, representativa do pobo galego de cara á revolución nacional-popular: a Asamblea Nacional-Popular Galega (AN-PG)[60]. Completábase así o proxecto inicial da UPG de construír todo un complexo organizativo no que se situaba como o "partido por antonomasia". Iniciábase, deste xeito, a construción do que se comeza a coñecer como Movemento Nacional-Popular Galego. O frentismo, procedente da importación de modelos terceiromundistas, facíase realidade no plano organizativo.

Polo que respecta ao funcionamento da UPG, os seus primeiros Estatutos, "provisorios", datan de 1974. Neles, a UPG defínese como un partido comunista, o "verdadeiro Partido comunista de Galiza", abandonando definitivamente a defini-

---

58 Os catro detidos foron: Xosé M. Brañas, Xan López, Mª Luisa Vázquez e Manuel Fernández Rodríguez.

59 Resultan moi interesantes os conceptos de vangarda e retagarda que emprega Fernando Reinares (1990) para explicar a supervivencia dos grupos armados no seo das organizacións políticas radicais. A frente armada da UPG como retagarda do partido, unido ao seu carácter incipiente, situábase no ámbio do prescindíbel. Polo contrario, e pensando en ETA como exemplo, se é a frente armada a vangarda que crea a organización política, como retagarda (ou elemento secundario) as dificultades para abandonar a violencia son moito maiores.

60 Entre a xente que orixinalmente crea a ANPG atópanse membros da UPG e do PSG e un grupo de nacionalistas sen adscrición partidaria.

ción frentista que se viña manexando dende os primeiros números do *Terra e Tempo*. É nestes Estatutos onde se fai unha diferenciación en varios graos do nivel de participación no partido, que vai desde militante até achegado ou colaborador, sinalando as obrigas en función da inclusión nunha ou noutra categoría.

A modo de recapitulación podemos reflexionar sobre o que levamos visto en torno á UPG. Trátase de subliñar as principais liñas que nos axuden a interpretar o camiño que logo vai ir trazando o partido. Partimos do nacemento da UPG e chegamos a un complexo organizativo ordenado nunha estrutura frentista. Temos unha frente de estudantes, ERGA; unha frente labrega, CC.LL; unha frente obreira, integrada polo SOG e mais os sindicatos das diferentes seccións que se foron creando desde 1973, Unión de Traballadores do Ensino de Galiza –UTEG–, Unión de Traballadores da Banca de Galiza –UTBG–, Unión de Traballadores da Sanidade de Galiza –UTSG–, ...; unha frente de masas, a AN-PG (onde confluían todos os integrantes das restantes frentes, e ao mesmo tempo serviría de coordinación de toda a estrutura frentista); unha frente cultural, integrada por todas as asociacións culturais relacionadas coa UPG e, finalmente, o frustrado intento de crear unha frente armada. Unha estrutura centrípeta na que a Unión do Povo Galego é o motor do proxecto, cumprindo o papel de vangarda. En consonancia cun dos principios fundamentais da "teoría da mobilización de recursos" (Mc Adam, McCarthy e Zald, 1996) a UPG extrae unha parte importante da súa forza das organizacións que impulsa. A creación de organizacións sectoriais e a utilización dos recursos facilitados polas asociacións culturais existentes enchen de contido todo o complexo organizativo deseñado a principios dos anos setenta.

Así en 1975 atopámonos cun partido leninista e cunha estrutura organizativa baseada nunha concepción maoísta da loita pola liberación nacional. A UPG pasara dunha inicial tendencia ao populismo frentista e ao "ideoloxismo", a ser un verdadeiro partido con disciplina interna e cunha rede organizativa que lle outorgaba unha capacidade de mobilización importante.

Nestes anos, a organización establece como un dos seus campos de referencia fóra de Galiza o relacionado coa loita antiimperialista, establecendo contactos con organizacións nacionalistas de esquerda radical dos que xorden documentos como as Declaracións de Brest (un total de cinco), ou comunicados como o que asinan ETA, PSAN(p) e a UPG nos que denuncian o Réxime de Franco, reclamando a instauración da democracia e a amnistía para os presos políticos. A asistencia a mitins conxuntos e a congresos en calidade de convidados vai ser unha constante neste período[61].

---

61 Neste sentido, e como exemplo, podemos destacar o *Comunicado da UPG ao Sinn Fein no seu 69° Congreso*, datado a 18 de novembro de 1974, no que se solidariza coa loita para a consecución da República Socialista Independente de Irlanda.

3. O NACIONALISMO GALEGO NA TRANSICIÓN. DO CONSELLO DE FORZAS POLÍTICAS GALEGAS Á EXPERIENCIA DE UNIDADE GALEGA

O contexto no que se vai desenvolver o noso obxecto de estudo está marcado por unha sucesión de feitos que dan lugar a un cambio substancial de réxime político, a denominada Transición. Este proceso inflúe de forma clara e determinante na evolución do nacionalismo galego. Por unha banda, asistimos ao paso da clandestinidade á legalidade, polo que, primeiramente, era preciso cambiar os medios operativos para adecuarse ás necesidades de actuación no novo contexto; o gran reto ao que se enfrentan as organizacións políticas é o seu recoñecemento legal. Por outra parte, e moi relacionado co anterior, o cambio de réxime vai dar lugar ao nacemento dun novo marco institucional baseado na lexitimidade democrática. A Constitución e os estatutos de autonomía serán considerados os principais elementos para asegurar este cambio.

En todas as transicións hai un compoñente importante de incerteza que se pon de manifesto no mesmo intre en que o réxime existente comeza a ser feble e se prolonga até a consolidación das institucións do novo réxime. A incerteza cobra unha especial relevancia no caso español permitindo que se fosen debuxando diferentes alternativas, desde a "reforma continuísta" até aquelas que conducían directamente a procesos revolucionarios de cambio. Estas últimas foron coñecidas como as "vías rupturistas", defendidas inicialmente pola práctica totalidade das forzas políticas de esquerda. O abandono desta opción por parte dalgunha delas irá en consonancia co grao inicial de radicalismo dos seus postulados ideolóxicos. Dentro destas alternativas rupturistas tamén se atopaban propostas que, ademais de insistir na necesidade de romper co réxime autoritario para instaurar a democracia, buscaban unha nova articulación do Estado centralista, recuperando o camiño emprendido na II República. Este obxectivo partía, fundamentalmente, das forzas nacionalistas periféricas. Algunhas foron creadas con anterioridade ao golpe de estado de xullo 1936 (como o Partido Nacionalista Vasco, Esquerra Republicana de Catalunya ou Unió Democrática de Catalunya), outras naceron durante o franquismo.

Para os nacionalistas canarios, cataláns, galegos e vascos, a ruptura democrática ía en dúas direccións: o cambio da forma de goberno e o cambio da forma de Estado, chegando incluso a expor, nalgúns casos, verdadeiras opcións revolucionarias que nada tiñan que ver coa realidade preexistente.

Outro dos elementos a ter en conta para analizar a transición política española é a súa duración. Aínda que a cuestión se ten concluído de diferentes maneiras en función dos criterios que se manexen, nós imos considerar, desde unha óptica formalista, que a transición comeza coa morte de Franco e remata coa aprobación dos primeiros estatutos de autonomía, como reafirmación da obra constitucional. A desaparición física de Franco supón a perda da principal referencia do réxime ditatorial; o franquismo morre con Franco. A Constitución erixía a súa lexitimidade sobre un Estado democrático e de dereito, principio que concluía o tránsito cara a un novo réxime baseado na vontade popular. Os estatutos, pola súa banda, articulan unha nova forma de Estado apostando pola descentralización política. O subliñábel é que se cerran as portas á ruptura do Estado como único ente posuidor da soberanía nacional, tal e como se viña entendendo. Para referirnos a este momento histórico, resulta interesante a distinción de M. Caciagli (1986) entre transición institucional e transición política, referíndose a primeira ao cambio dos procedementos e á construción das novas institucións, e a segunda á sucesión das decisións políticas necesarias para que se produza o efectivo cambio de réxime. A transición política pode prolongarse máis aló da estritamente institucional xa que é necesario seguir tomando decisións políticas para consolidar as institucións creadas.

Un dos acontecementos que máis influíu na evolución final do réxime franquista foi o atentado a Carrero Blanco (presidente do Consello de Ministros) en decembro de 1973, posto que era considerado o candidato ideal para continuar co legado do ditador, encarnando o que se denominaría o "franquismo sen Franco" (Romasanta, A., 1991:67).

A partir deste suceso, a oposición antifranquista comeza a barallar a idea de crear alternativas unitarias coa finalidade de preparar a superación do franquismo. En 1974 nace a Xunta Democrática de España[62], auspiciada polo PCE. En novembro de 1975, o PSOE impulsa a Plataforma de Convergencia Democrática[63]. Ambas as dúas acordan en 1976 a constitución de Coordinación Democrática, que terá como principal finalidade coordinar as accións da oposición franquista.

Adolfo Suárez sucede na presidencia do Consello de Ministros a un Arias Navarro que só fora capaz de propiciar unha apertura limitada coñecida como "espíritu del 12 de febrero" e que tivo como única expresión tanxíbel a aprobación da Lei de Asociacións Políticas[64] que permitiu o recoñecemento limitado dalgunhas das alternativas políticas existentes. A primeira achega de Suárez ao proceso aperturista foi a promulgación da Lei para a Reforma Política, primeiro paso formal para iniciar o que logo se coñecería como "ruptura pactada". Coordinación Democrática vai manter unha presión constante sobre o goberno de Suárez coa finalidade de impulsar definitivamente o curso da democratización.

3.1. O CONSELLO DE FORZAS POLÍTICAS GALEGAS

En Galiza as plataformas unitarias tamén tiveron presenza, adoptando nomes en galego pero funcionando a modo de seccións das estatais. En 1975 constitúese a Xunta Democrática de Galicia[65] e en xullo de 1976 créase a sección galega de

---

62 Os membros orixinarios da Xunta Democrática eran: o PCE; o Partido Socialista Independente (Tierno Galván); o PCE (internacionalista) logo Partido del Trabajo de España; o Partido Carlista, que inicialmente estivera na Plataforma de Convergencia Democrática; e a Alianza Socialista de Andalucía (Míguez, 1990).

63 A Plataforma estaba integrada por: PSOE, Unió Democrática de Catalunya, Unión Social Demócrata de España, Partido Nacionalista Vasco, Esquerra Republicana e Reforma Social Demócrata de Catalunya. Entre os membros orixinarios que abandonaron a Plataforma estaban: a Organización Revolucionaria del Trabajo, o Partido Galego Social-Demócrata, o Movimiento Comunista de España, o Partido Carlista de España e Convergència Democràtica de Catalunya (Míguez, 1990).

64 Aprobada polas Cortes Orgánicas do Réxime o 14 de xuño de 1976.

65 Dentro da Xunta Democrática estaban: o PCG, Comisiones Obreras, Partido Socialista Popular, personalidades do galeguismo histórico e membros de Izquierda De-

Coordinación Democrática coa denominación de Táboa Democrática. Neste contexto, as forzas nacionalistas de Galiza crean unha plataforma exclusivamente galega que adopta o nome de Consello de Forzas Políticas Galegas, similar ao Consell de Forces Polítiques de Catalunya que agrupaba a unha parte importante da oposición antifranquista catalá, fundamentalmente nacionalista.

O Consello nace en xaneiro de 1976 como resultado dun proceso que se inicia a finais de 1975 e no que van estar presentes algunhas das forzas da oposición antifranquista galega, unidas con anterioridade na celebración de actos a prol da amnistía. A iniciativa para formar o Consello parte da Unión do Povo Galego e do Partido Socialista Galego, aos que se unirá o Partido Galego Social-Demócrata[66]. Este último, nacera o 2 de marzo de 1974 e estaba dirixido por Xosé Luís Fontenla, Domingo Fernández del Riego e Alfonso Zulueta de Haz (Chao, 1976:414).

O Consello constituíase como unha "alternativa política (...) pensada e formulada dende Galicia e desenrolada por e prá o pobo galego"[67] para a ruptura democrática, pero tamén poñía sobre a mesa a necesidade de atender o que para eles era un dos problemas perentorios: a negociación da forma de Estado. A expresión desa alternativa farase realidade en abril de 1976 cando se presentan as coñecidas *Bases Constitucionais pra participación da Nación Galega nun Pacto Federal, e de Governo Galego Provisorio* e as *Medidas Económicas pra un Programa de Governo Provisorio Galego* (tanto as Bases como as medidas a adoptar estaban previstas, desde o punto de vista programático, nos apartados terceiro e cuarto da Declaración). As Bases van ter unha grande importancia non só pola consideración de Galiza como Nación, senón tamén polo feito de

---

mocrática (de Ruíz Giménez), como é o caso de Fernando García Agudín (Chao, 1976).

66 Inicialmente adopta o nome de Unión Social Demócrata Galega. Entre as súas reivindicacións atopábanse a defensa da autodeterminación político-administrativa, económica e cultural de Galiza (Chao, 1976:414).

67 Partido Galego Social-Demócrata/Partido Socialista Galego/Unión do Povo Galego, *O Consello de Forzas Políticas ao Povo Galego*. Galiza, 5 de xaneiro 1976.

reivindicar un goberno con centro en Galiza que se encargue de levar a cabo a transición cara a un réxime democrático para máis tarde converxer nun "Estado federal ou confederal" (punto sexto da Declaración Constituínte) coas restantes nacións do Estado. Neste proceso participaría o Governo Provisorio Galego (previsto no punto segundo da Declaración) en igualdade de condicións coas restantes partes.

A Declaración Constituínte do Consello de Forzas contiña o recoñecemento do dereito de "libre autodeterminación" de Galiza como pobo e completábase coa reivindicación do "recoñecimento oficial do idioma galego" (punto quinto).

O CFPG, tal e como se prevé no documento constituínte, funcionaba a través dunha Comisión Permanente que estaba integrada de forma paritaria por membros de cada unha das forzas que o conformaban. Nesta Comisión rexía o estrito principio da unanimidade na toma de decisións.

Presentábase como unha plataforma interpartidaria, que recoñecía á Asamblea Nacional-Popular Galega como "...a alternativa non partidaria de institucionalización dun poder popular galego e, por iso, dende este intre fai recoñecemento público de apoio á mesma". Será a propia AN-PG a través do seu voceiro, *Ceibe*, a que faga pública a diferenciación de funcións entre o Consello e a Asamblea. Así a Asamblea cumpre "o rol de plataforma unitaria que ten como primeiro obxectivo concienciar ao pobo, e segundo e a un tempo, movilizalo", e ao Consello "cábelle coordinar aos diferentes partidos políticos pra facer máis doada a ruptura democrática"[68].

Sitúase o Consello como a primeira experiencia unitaria dentro do nacionalismo galego contemporáneo, cunha clara vocación inicial de concentración de todas as forzas que acepten os seus "presupostos básicos e imprescindíbeis". En abril de 1976, poñendo de manifesto a apertura do Consello cara a outras forzas, entran dúas forzas políticas que, en principio, non eran nacionalistas, o Movemento Comunista de Galicia (MCG) que formaliza a súa entrada o 7 de abril, e o Partido

---

68 *Ceibe*, nº 2, febreiro 1976, p. 8.

Carlista de Galicia (PCaG), integrado até febreiro de 1976 na Xunta Democrática (Rego, 1985), que a fai efectiva o 26 de abril.

Á altura de maio de 1976, o Consello preséntase como unha alternativa capaz de enfrentarse coas restantes plataformas da oposición antifranquista tal e como sucede nas xuntanzas previas á constitución da Táboa Democrática que nacería en xuño de 1976. Os principais puntos de discordia entre as organizacións residían na forma de Estado defendida por cada parte; o Consello, defendía o seu programa mínimo no que se falaba de abrir un proceso constituínte a nivel galego pero non se facía referencia ao estatuto de autonomía; a Xunta Democrática, pola contra, afianzábase na recuperación do Estatuto do 36 como medida provisional. Isto vai orixinar as primeiras friccións dentro do Consello, creando dúas frentes: a UPG e o PGSD por un lado, e o PSG o MCG e o PcaG polo outro, agudizadas a raíz do debate sobre a asistencia á segunda reunión das instancias unitarias celebrada en Madrid o día 4 de setembro[69]. A UPG, e o PGSD, néganse rotundamente á participación "nunha alternativa unitaria a nivel do Estado que non está disposta a admitir mínimamente os dereitos nacionáis do noso pobo"[70] o que supón a subscrición do pronunciamento do CFPG de non asistir á xuntanza prevista para o día 25 en Valencia. Pola contra, a frente encabezada polo PSG reafirmábase na idea de que o CFPG debería estar presente en Valencia para defender as súas teses e "non suscribir ningún acordo sin garantías dabondo pra salvagarda da súa alternativa política"[71]. Esta posición será ampliada nunha "Carta ás plataformas da oposición" con motivo da xuntanza de Valencia, asinada a 19 de setembro de 1976 polo PSG o MCG e o PCaG, facendo fincapé na necesidade de formar un goberno provisorio propio que "abra un proceso constituínte e convoque eleccións libres

---

69 *La Voz de Galicia*, 19 de setembro de 1976, pp. 20-21.
70 Ibidem.
71 "Comunicado da Segredaría Política do PSG de 16 de setembro de 1976". *Galicia Socialista*, nº 1, novembro de 1976. Esta táctica é definida polo PSG como a "política de presencia" coa finalidade de non seguir o camiño do isolacionismo. Esta "política" será retomada cando se inicie o proceso estatutario.

dentro do seu específico ámeto territorial", e na necesidade de aceptar a autonomía como unha "situación transitoria durante un período constituínte" non como unha "fórmula estábel". Estas posturas, irreconciliábeis por principio, non obtiveran resultados positivos na Comisión Permanente do Consello, pola imposibilidade de acadar a unanimidade.

Para o PSG[72] debería existir unha conxunción estratéxica que incluíse a todas as forzas, tamén as da Xunta Democrática; pola contra, para a UPG, que propoñía unha "Coordinatoria", as relacións só se manterían en casos puntuais de mobilización con carácter táctico. É importante sinalar estas diferencias coa finalidade de ilustrar que no momento da constitución do CFPG existían certos aspectos nos que non se lograran acordos.

Os problemas no Consello xa se manifestaran no verán, concretamente na celebración do Día da Patria Galega, xa que só a UPG, o PGSD e o PCaG acoden á manifestación unitaria nacionalista convocada pola AN-PG. O PSG asiste á convocatoria de Coordinación Democrática, e este feito é interpretado pola UPG como un escorregamento de cara a posturas "españolistas", insistindo en que o PSG antepuña o socialismo ao nacionalismo. O 15 de novembro de 1976 a UPG e o PGSD subscriben un comunicado no que condicionan a súa saída do Consello á previa expulsión do MCG, aducindo como razóns o apoio do MCG a CCOO e o non recoñecemento (por parte do MCG) da AN-PG como a asemblea de masas do Consello[73]. O MCG non é excluído, polo que as dúas forzas contrarias á súa presenza fan efectiva a súa saída. A AN-PG, pola súa parte, retíralle o seu apoio ao Consello nun comunicado feito público o 22 de novembro. O PSG, ante estes feitos, manifesta o seu

---

72 No primeiro número de *Galicia Socialista* inclúese a proposta completa do PSG, así como unha análise da situación que levou á escisión dentro do CFPG, concretamente no documento titulado "Os problemas do Frente Nacionalista Galego nesta hora: unha proposta pola unidade", pp. 2-6. Este documento será recuperado polo PSG cando se producen as negociacións para formar a coalición Unidade Galega en decembro de 1978.

73 Sobre a escisión e a reacción de cada unha das forzas integrantes do Consello ver: *La Voz de Galicia*, 20-11-1976, pp. 28-29, ou tamén: *Teima*, nº Cero, novembro 1976, p. 25.

apoio ao MCG, xa que no momento da súa entrada, deixara constancia de que entendía o CFPG como unha "alianza por arriba, interpartidaria", pero non a nivel da militancia[74].

Co obxectivo de intentar revitalizar o Consello, o Partido Socialista Galego fará unha proposta de reforma partindo do establecemento dunha "...coalición sobor duns principios suficientemente definidos, mais non soio a un nivel superestrutural, de pautos polo cumio, senón básicamente a nivel de orgaizacións de masas, capaces de dotar á coalición da dinámica necesaria na loita política."[75] O PSG vai facer fincapé na necesidade de potenciar un sindicato galego único integrado nunha federación de sindicatos de todos os pobos que conforman o Estado. Pola contra, a UPG e a AN-PG subliñan a necesidade da "...formación dun frente ou bloque político nacional-popular como instrumento de liberación nacional e social de Galicia"[76], o que supuña unha formulación totalmente nova, sobre todo cando atendemos aos termos que rexen a formación do novo "bloque". Basearíase na unión de forzas nacionalistas, coa finalidade de crear unha "alianza de partidos" para evitar contradicións no seu seo, apoiando ás organizacións de masas que integrarían o "bloque" pero sen mediatizalas. Resulta significativo que sexan presentadas nesta proposta as Bases Constitucionais, un Programa de Desenvolvemento Económico e unha Declaración ou Programa de Política Cultural e Social, como "Programa común do bloque político nacional-popular"[77].

É neste momento cando comezan a establecerse as diferencias dentro do nacionalismo galego na transición; por un lado o PSG e, polo outro, a UPG e o PGSD (a modo de "satélite" da UPG, vai defender os seus posicionamentos até que Xosé Luís Fontenla, verdadeiro nexo de unión, abandone o PGSD no seu XII Plenario). Iníciase un período difícil que vai afectar a todos os partidos nacionalistas galegos. A UPG acababa de saír dunha

---

74 "Encol da Política Taitica do PSG", *Galicia Socialista*, nº 2-3, nadal 1976-xaneiro 1977, pp. 4-8.
75 Ibidem, p. 4.
76 *Ceibe*, núm 7, nadal 1976, pp. 2-5.
77 Ibidem, pp. 4-5.

etapa crítica relacionada co intento de crear unha frente armada e das súas consecuencias (asasinato de Moncho Reboiras e detención de catro dos seus militantes máis activos), para entrar na súa primeira crise interna[78] desde que se definira como partido político. O PSG comezaba a mostrar as dúas tendencias que convivían no seu interior: unha, moi próxima ás teses de Piñeiro, reforzada coa entrada do MSG en 1975, favorábel ao achegamento ao PSOE co fin de galeguizalo; a outra, nacionalista, con postulados máis próximos aos da UPG. O único nexo ideolóxico entre as dúas tendencias era o socialismo.

O PGSD vai ir achegándose ao centro do espectro político, apostando por un nacionalismo moderado na liña marcada no seu XII Plenario (Romasanta, 1991:108), no que asumía a dirección do partido Alfonso Zulueta de Haz. Este xiro facilitaba o achegamento a un partido de nova creación: o Partido Popular Galego[79] de Xaime Isla, que estivera como observador no CFPG (Beramendi e Núñez, 1996).

O MCG e o PCaG seguirán o seu camiño en canto que dependentes dunha organización vertebrada a nivel estatal, pero manténdose sempre como pequenos partidos.

O Consello de Forzas fora creado como resposta a un contexto determinado, por un conxunto de actores que tiñan como obxectivo a ruptura democrática e o establecemento dun Estado federal que previamente pasase por unha etapa na que as nacións integrantes dispuxesen do dereito á autodeterminación. O Consello funcionou como unha plataforma interpartidaria que posuía a súa propia asemblea de masas, a AN-PG. Esta organización, foi presentada publicamente en Galiza en xaneiro de 1976, aínda que xa nacera en abril de 1975 e fixera a súa presentación oficial un mes despois en Portugal[80]. Tráta-

---

78 Esta crise sáldase coa expulsión de Xosé González "Pepiño" e coa saída de García Crego, en solidariedade co primeiro, provocando o primeiro cambio importante na "coalición dominante" do partido desde a renovación da dirección en 1971.

79 O Partido Popular Galego xorde a mediados de maio de 1976 a partir da fusión de dous grupos, a Unión Democrática de Galicia, encabezada por Xaime Isla e Esquerda Democrática de Galicia de García Agudín, ambos os dous moi próximos a Izquierda Democrática de Ruíz Giménez.

80 A información sobre a rolda de prensa coa que se presenta a organización, foi pu-

se, sen dúbida, dunha organización moi peculiar sobre todo pola evolución que vai sufrir nos seus sete anos de vida. Pasa de ser unha organización asemblearia apartidaria, conformada inicialmente por militantes da UPG, do PSG e nacionalistas sen adscrición partidaria, a converterse na asemblea de masas do Consello de Forzas, para, a continuación, ser considerada, no plano xurídico, como unha forza política independente. Este proceso iníciase coa progresiva desvinculación orgánica de todas as forzas que conformaban o denominado Movemento Nacional Popular Galego. A AN-PG constituirá xunto coa UPG a coalición electoral Bloque Nacional Popular Galego, aínda que, realmente, sempre funcionou como plataforma asemblearia moi vinculada ao partido, garantindo a súa posición como un verdadeiro partido de vangarda ao dispoñer dunha asemblea con carácter interclasista na que poderían estar integrados todos aqueles que, sen compartir a totalidade dos postulados ideolóxicos da UPG, defendían a consecución da autodeterminación para Galiza. En 1980, será unha das organizacións que asinen o documento constitutivo da Mesa de Forzas Políticas Galegas, para, posteriormente, autodisolverse deixando toda a súa infraestrutura á nova frente nacionalista: o BNG.

3.2. *UNHA ETAPA DE CAMBIOS NO NACIONALISMO: 1977-79*

O período comprendido entre os anos 1977 e 1979, ambos incluídos, vai ser crucial para sentar as bases do novo réxime político. Os primeiros pasos déranse en 1976 coa promulgación da Lei para a Reforma Política que fora sometida a referendo o 15 de decembro de 1976[81]. Nesta Lei, entre outras disposicións, prevese a convocatoria das primeiras eleccións

---

blicada pola AN-PG en setembro de 1975. O texto vai acompañado da posición da AN-PG ante o contexto político do momento, e da explicación dos seus principios programáticos e políticos (autodeterminación, autogoberno, anticolonialismo, democracia, forzas políticas propias e intereses populares). O documento informativo remata coa disposición da asemblea para traballar xunto con outras "organizacións semellantes do resto do Estado Español" (*Documento Político-Ideolóxico da AN-PG*).

81 En Galiza o voto favorábel á reforma acadou a cifra do 95,48% dos sufraxios emitidos. A título informativo incluímos os resultados do referendo nas provincias galegas na táboa 1 do Apéndice II.

democráticas das que sairán os deputados e senadores que conformarán as Cortes Constituíntes, encargadas de elaborar unha constitución que deseñe un novo réxime democrático, que deixe expresamente garantidos os dereitos e liberdades fundamentais dos cidadáns, e que institúa unha nova forma de división territorial do poder: o "Estado das Autonomías".

Neste período prodúcense importantes desacordos entre as forzas nacionalistas galegas, consecuencia da procura dun espazo no novo espectro político, sendo moi puntuais os episodios unitarios[82].

O ano 1977 é moi importante para o nacionalismo tanto por concorrer ás primeiras eleccións como por ser un ano no que se celebran os primeiros congresos das organizacións. A convocatoria das eleccións afectará de forma diferente a cada unha das forzas nacionalistas, a UPG e a AN-PG están sen legalizar, por iso crearán o Bloque Nacional Popular Galego para poder participar nos comicios; o PSG, tentará crear unha coalición coa finalidade de acadar un maior éxito electoral. Os resultados afectarán claramente ao PSG agravando os problemas que xa latexaban desde comezos dos setenta e que o levarán a unha escisión na que perderá importantes cadros. A UPG e a AN-PG tamén se verán afectadas polo proceso electoral e sufrirán o abandono dun grupo de militantes que formarán a denominada "Alternativa dos Traballadores Galegos", xermolo do futuro Partido Obreiro Galego (POG). Por outra banda, e volvendo á crise sufrida en novembro de 1976, comézase a promover unha nova organización independentista que se manifesta de forma explícita pola independencia de Galiza, e que adoptará o nome de Partido Galego do Proletariado (PGP), principal actor dentro da plataforma que, en 1979 se vai crear co nome de Galicia Ceibe-Organización de Liberación Nacional (GC-OLN).

En 1978, iníciase unha campaña contra a Constitución que

---

82 Referímonos á sinatura de comunicados conxuntos, manifestacións, etc., relacionados con cuestións como a petición da amnistía total para os presos políticos, a legalización das forzas políticas e sindicais (19 de xullo de 1977), e acordos para celebrar conxuntamente o Día da Patria Galega (en xullo de 1977).

culmina coa defensa do voto negativo no Referendo Constitucional. Ao mesmo tempo séguese traballando no proceso autonómico galego, verdadeiro punto de diverxencia entre os nacionalistas, que se iniciara en 1977 coa constitución da Asemblea de Parlamentarios e que se prolongará até decembro de 1980 coa promulgación definitiva do Estatuto de Autonomía para Galiza despois dun proceso moi peculiar. Neste ano tamén é significativa a creación do Partido Galeguista, nun intento de refundar o "vello PG" de Bóveda e Castelao. Entre 1977 e 1978 celébranse os primeiros congresos das organizacións sindicais nacionalistas; na órbita da UPG, nace a Intersindical Nacionalista Galega (ING), como central nacionalista na que conflúen todos os sindicatos sectoriais existentes, e tamén o Sindicato Labrego Galego-Comisións Labregas (SLG-CC.LL.). Tanto nun caso como noutro, os congresos suporán un paso adiante na formalización do sindicalismo nacionalista.

O ano seguinte (1979) será un ano electoral. A formación da coalición electoral Unidade Galega, deu moito que falar debido aos resultados que obtivo nas eleccións locais do 3 de abril. Outros acontecementos que se producen neste ano son: a celebración do II Congreso da UPG, e do IV Plenario da AN-PG, que suporá a consolidación da denominada "Frente Patriótica".

3.2.1. O Partido Socialista Galego: ¿Socialismo ou nacionalismo?

O PSG foi o primeiro en celebrar o seu Congreso que se dividirá en catro sesións prolongadas ao longo de 1977. A sesión inaugural ten lugar en Vigo durante os días 7 a 9 de xaneiro, a segunda sesión celébrase en Lugo os días 23 e 24 de abril, a terceira xornada celébrase en Pontedeume o 23 e 24 de xullo, e a clausura ten lugar en Santiago os días 10 e 11 de decembro. A celebración dos Congresos en varias xornadas vai ser unha constante no PSG. Non é o criterio temporal o que prevalece para estruturar o Congreso en catro partes senón que responde claramente a unha división temática que é organizada do seguinte xeito:

— En Vigo defínense os "Principios organizativos e Estatutos, a Táctica política nas súas liñas xerais, a política sindical

67

organizada nos distintos frentes, e máis a custión das Eleccións ao Congreso e ao Senado".

— Nas sesións de Lugo analízase a "Táctica política a curto prazo, da Unidade dos socialistas e máis da Federación de Partidos Socialistas".

— En Pontedeume, faise unha valoración dos resultados electorais e da implantación do PSG, e promóvense unha serie de reestruturacións internas do partido que se expresan, en primeiro termo, na elección dunha nova Secretaría Colexiada ademais de tratar a actuación sindical.

— Na clausura, apróbanse as ponencias sobre o programa mínimo, as mocidades do PSG, a táctica política, os símbolos do partido, o regulamento e estatuto, a frente de estudantes, e a cuestión Sindical.[83]

Coa excepción da xornada inaugural e a de clausura, as outras dúas respondían claramente a criterios conxunturais. En Lugo, vólvese ao tema da unidade dos socialistas e da Federación de Partidos Socialistas (FPS), nun momento no que o PSG se atopaba en conversas co PSOE[84] por un lado, e co PCaG, PPG, PGSD e MCG polo outro, coa finalidade de acadar un acordo para unha alianza electoral. Estas negociacións enmarcábanse na táctica política aprobada polo PSG nas xornadas inaugurais e concentraranse na proposta dunha "alianza federalista" para as eleccións xerais de xullo. A UPG e a AN-PG, na primeira xuntanza celebrada o 20 de xaneiro de 1977 na que se reuniron até catorce organizacións, foron as primeiras en negarse a participar na proposta do PSG argumentando que non se trataba dunha alianza estratéxica, como elas propuñan, senón conxuntural. O fracaso definitivo da proposta[85] provoca que o PSG concorra en solitario ás eleccións para o Congreso dos deputados[86]. Pola contra, para o Senado, bótase

---

83 *Galicia Socialista*, 2ª Xeira, nadal 1977, p. 8.

84 *La Voz de Galicia*, 14-04-1977, p. 33.

85 *La Voz de Galicia*, 25-04-1977, p. 52. Neste artigo infórmase do comunicado feito público por estes partidos, no que manifestan que despois de celebrar catro xuntanzas non se acadou un acordo electoral para o Congreso.

86 Unha decisión adoptada pola dirección do partido nunha xuntanza convocada con carácter de urxencia. "O PSG e as eleicóns a Cortes do 1977 (Historia dunha propos-

man da proposta feita por un grupo de intelectuais en marzo de 1977[87] na que se insistía na necesidade de crear un pacto galego de partidos políticos ante as eleccións de xuño coa finalidade de defender a Galiza nas "máis que probables Cortes Constituíntes". Desta proposta, xurdirá a Candidatura Democrática Galega para o Senado integrada polo PSOE, PSG, PCG, PPG e MCG. No tocante á FPS, o PSG vaise acoller ao estatuto de observador ante as diverxencias que se estaban producindo pola reformulación da Federación[88]. Estes posicionamentos provocaron reaccións no PSG que se traducirán, en primeiro termo, no abandono de dous destacados militantes[89]. Paradoxalmente cada un deles representa un proxecto totalmente diferente do outro sobre a estratexia organizativa que debería seguir o partido expresión das dúas correntes internas que xorden no PSG. Nun comunicado feito público a finais de febreiro, a dirección do PSG aclararía que estes abandonos non implicaban a existencia de ningún tipo de crise dentro do partido[90].

As Xornadas de Pontedeume, inicialmente previstas en Ferrol, teñen unha importancia decisiva por celebrarse un mes despois das eleccións (faise unha análise dos resultados obtidos) co cometido de elixir un novo secretario político (cargo que quedara vacante despois da dimisión de Xosé Manuel Beiras en xullo[91]) e co obxectivo de reformular o organigrama

---

ta nosa: a ALIANZA FEDERALISTA)", *Galicia Socialista*, nº 0, 2ª xeira, xuño-santos 1977, p. 5.

87 *La Voz de Galicia*, 6-03-1977, p. 19.

88 No seo da FPS prodúcese unha dinámica de enfrontamento entre dúas formas de entender a Federación, unha que a concibía como plataforma de negociación, e outra que buscaba formar un partido federal. O PSG aposta pola primeira e en todo caso pola formación dunha federación de partidos que non coarte a liberdade de acción de cada un dos membros respecto dos seus pobos. "PSG: tempo de crise", *Teima*, nº 11/24 febreiro-3 marzo 1977, p. 5.

89 Un deles era Xusto G. Beramendi, que insistía na necesidade de crear un partido de masas que defendese consecuentemente os dereitos nacionais galegos; e o outro era Francisco X. Yuste Grijalba, para quen o máis importante nese momento era traballar por consolidar a democracia buscando alianzas para acadar a unión do socialismo, deixando a autodeterminación para unha etapa posterior (*Teima*, nº 11/24 febreiro-3 marzo 1977, p. 5)

90 *La Voz de Galicia*, 1 de marzo de 1977, p. 52.

91 *La Voz de Galicia*, 13-07-1977, p. 22.

existente. No tocante ás eleccións, sublíñase o espallamento acadado polo partido a través da alternativa socialista galega que ofrecía o PSG. No ámbito organizativo elíxese unha nova Secretaría Colexiada na que se prescinde do cargo de secretario político; os "históricos" (militantes que levan á frente do partido desde os seus primeiros tempos) desaparecen da Secretaría entrante, ocupando os postos de dirección novos militantes do PSG (Gutiérrez, 1999:73). A Secretaría saínte estaba composta por: Xosé Manuel Beiras (Secr. Político), Mario Orxales (Coordinación), Rodríguez Pardo (Relacións Exteriores), Salvador García-Bodaño (Información e prensa), Xaime Barreiro (Formación), Álvarez Gándara (Relacións Exteriores fóra de Galiza), Manuel Caamaño (Finanzas) e Carlos Martínez (Propaganda). A Secretaría entrante quedaba conformada do seguinte xeito: Valentín Arias (Coordinación), Siro López (Relacións Internas), Claudio López Garrido (Relacións Exteriores), Eduardo Gutiérrez (Formación), Mario López Rico (Organización), Xosé Bembibre (Propaganda), Emilio González (Prensa), Xoán Rodríguez Rei (Coordinación de Frentes) e Afonso Ribas (Finanzas). A partir dese momento todos estes mozos terán un papel determinante na evolución do partido. A composición da nova dirección provoca o estourido da crise que se abrira en febreiro co enfrentamento entre as posturas defendidas por Yuste e Beramendi, e que se vira agravada cos resultados electorais acadados en xuño.

En novembro de 1977, xorde unha polémica por mor da decisión adoptada pola Federación de Galicia-PSOE, nun Congreso extraordinario celebrado en Compostela o 7 de novembro, de cambiar o seu nome polo de Partido Socialista de Galicia-PSOE (PSdG-PSOE)[92]. A resposta do PSG chega a través dun comunicado, asinado a 9 de novembro, no que se acusa ao PSOE de "oportunista e confusionista" pola utilización das siglas do PSG, feito denunciado como "usurpación dun patrimonio alleo"[93]. Nunha rolda de prensa posterior, celebrada o 17 de marzo de 1978, o PSG informa da súa disposición a in-

---

92 *Galicia Socialista*, 2ª xeira, nadal 1977.
93 Ibidem.

terpoñer unha querela criminal contra o PSOE se segue utilizando as siglas. Esta disputa resolverase finalmente pola vía xudicial cunha sentenza favórabel ao PSOE.

Os problemas que xorden no interior do PSG e que enfrentaban a dous sectores, un encabezado por Rodríguez Pardo e Xaime Barreiro Gil, e outro identificado coa nova Secretaría, acadan o seu momento de máxima tensión coa presentación por parte do sector liderado por Rodríguez Pardo do denominado "Documento dos 19" o día 26 de febreiro de 1978. Neste manifesto exponse a necesidade de convocar un Congreso extraordinario para debater as propostas defendidas, criticando a "indefinición ideolóxica" na que se atopaba o PSG, insistindo na necesidade de reconducila cara á unidade dos socialistas e á consecución dun acordo socialismo-galeguismo (nunha liña moi próxima ás formulacións de Ramón Piñeiro). No documento tamén se refiren á necesidade de elixir unha Secretaría "consecuente co principio da democracia interna". En materia sindical subliñan a necesidade de traballar nas centrais sindicais socialistas existentes no sector industrial, destacando a inviabilidade dun novo sindicato galego para este sector. A dirección do PSG, pola súa parte, elabora un documento de resposta, remitindo ambos escritos ás agrupacións locais co obxectivo de ser debatidos. Os problemas fanse públicos cando o 14 de marzo aparecen en *La Voz de Galicia* os dous documentos, froito dunha suposta filtración. A partir deste incidente comézase a barallar a posibilidade de que se produzan expulsións no seo do partido. Cinco días despois da filtración, a prensa publica unha carta asinada por corenta militantes do PSG, entre os que se atopaban a maior parte dos asinantes do "Documento dos 19", na que se subliña a necesidade de crear unha alternativa socialista "clara e forte en Galicia". A carta non foi ben recibida pola Comisión Executiva do PSG ao non seguir os procedementos formais establecidos no partido. O 2 de abril faise pública a creación do "Colectivo Socialista Galego-PSG". Ante esta situación, a dirección do PSG nomea unha comisión investigadora para esclarecer os feitos[94]. O resultado

---

94 *La Voz de Galicia*, 28-03-1978, p. 19.

final foi a expulsión dos corenta militantes que asinaran a carta, xa que o Colectivo se constituíra como unha "tendencia organizada, non permitida nos acordos do Congreso"[95]. Entre os integrantes do Colectivo Socialista atopamos a: Ceferino Díaz, Fernando González Laxe, Xerardo Estévez, Fausto Dopico, Xulio Pardellas, ademais dos xa nomeados Rodríguez Pardo (un dos fundadores do PSG) e Xaime Barreiro Gil. O Colectivo acabarase integrando no PSOE. A dirección do PSG utilizará os "cualificativos" de oportunistas e electoralistas para referirse "ós compañeiros" que "...non asumiron íntegramente os resultados que foron acadados colectivamente", sendo a ambición persoal a que os levou a elixir a saída do PSG e a integración nun partido "socialdemócrata e a obediencia estatal de feito"[96].

A saída do Colectivo Socialista supón a fin do conflito interno que se agrava despois das eleccións e que enfrentara aos defensores do nacionalismo cos defensores do socialismo. A situación de cada un dos elementos dentro do esquema interpretativo será o principio determinante para situarse nun ou noutro grupo. A comezos dos setenta, cando se produce a primeira reorganización do partido e a asunción explícita do nacionalismo, prodúcense os primeiros cambios na elite dirixente como é o caso do abandono dun dos fundadores do partido, Francisco Fernández del Riego, naquel momento secretario xeral. O PSG fora creado como un partido socialista de tipo europeísta e cun proxecto federal, promovido por Ramón Piñeiro e o seu grupo. Este galeguista mantivo moi boas relacións cos dirixentes "históricos" do PSG, nos que influíu, chegado o momento, a súa tese de galeguizar os partidos estatais desde dentro, e que poñería en práctica el mesmo integrándose como independente nas listas do PSOE nas primeiras eleccións ao Parlamento de Galiza. Pero tamén, desde mediados dos setenta, entran no PSG un grupo de novos militantes que defenden as teses nacionalistas, moi influídos pola teoría exposta por

---

95 Tanto o "Documento dos 19" como a resposta da dirección do PSG atópanse en *Galicia Socialista* de xuño de 1978.

96 "15 anos do PSG", *Galicia Socialista*, 2ª xeira, setembro 1978, pp. 4-5. Xosé Manuel Beiras vincula a orixe do Colectivo Socialista aos resultados electorais de 1977 (Pillado e Fernán-Vello, 1989: 173-175).

Xosé Manuel Beiras sobre o colonialismo interior. Para este grupo de militantes o compoñente nacionalista vai ser fundamental, aínda que o PSG sempre se mantivo nunha postura un tanto ambigua pero moi próxima ao federalismo. En conclusión, esta crise vai supor un golpe importante para o partido, pero tamén a superación dunha etapa na que o conflito estaba latente e precisaba ser resolto. As necesidades de adaptación que esixía o novo marco que se estaba instaurando a nivel estatal, serán os principais detonantes da crise.

O PSG, a partir de aquí, inicia unha nova etapa na que fai unha constante chamada, en todos os documentos que publica, á unidade do nacionalismo como un dos principais obxectivos en canto á táctica política. O socialismo e o nacionalismo van ir da man e así o vai subliñar no Plenario (máximo órgano decisorio entre congresos), celebrado o 10 de setembro de 1978, no que se aproba a nova política táctica do partido baseada na "...construcción dunha sociedade socialista nunha Galicia ceibe". Desta "nova política" "despréndese a necesidade dunha estratexia enxertada na loita de clases en Galicia e no proceso de loita pola liberación nacional do pobo galego enxergados ámbolos dous como fenómenos emparellados e combinados, que non se dan separadamente."[97]. Nesta mesma liña vai estar o artigo publicado por Mario Orxales no número extra de *Galicia Socialista* do 25 de xullo de 1978, no que deixa clara a vinculación entre o nacionalismo e o marxismo, sendo o primeiro a expresión "da liberación do centro opresor". Estes chamamentos terán como resultado máis visíbel a creación de Unidade Galega, unha coalición nacionalista que mostrará a "liña a seguir" para obter o respaldo dunha parte do electorado galego.

3.2.2. O nacemento do Bloque Nacional Popular Galego

Neste apartado trataremos conxuntamente ás dúas organizacións que constituirán o Bloque Nacional Popular Galego, a UPG e a AN-PG.

---

97 "Criterios xerais de Política Táctica", *Galicia Socialista*, 2ª xeira, setembro 1978, pp. 3-5

A Asamblea Nacional-Popular Galega que fora definida no seu I Plenario como "...a unión das orgaizacións de masas que asuman un proiecto político nacional-popular", realiza a finais de 1976 un chamamento para conseguir a unidade dos nacionalistas a través da formación dun bloque nacional de carácter popular cunha clara vocación estratéxica, nunca conxuntural (dada a proximidade das eleccións xerais), o que supuña unha sorte de reformulación do Consello de Forzas Políticas (aínda que o Consello fora definido como un exemplo de alianza conxuntural) e a continuación da liña rupturista. No seu II Plenario, celebrado en xaneiro de 1977[98], analízanse as próximas eleccións e apróbase o programa co que se pretendía concorrer ás mesmas. A valoración das eleccións farase partindo das características antidemocráticas do novo contexto político polo non recoñecemento "dos dereitos nacionais galegos, das súas institucións políticas representativas i executivas, e mentras non sexa lograda a amnistía total..., e as libertades de reunión, espresión, de partidos políticos e sindicais."[99] O Plenario, ante a posibilidade de que fose rexeitada a "postura de non participación nas eleccións por parte da oposición, e en especial polas forzas políticas nacional-populares galegas, vascas e dos Paisos Cataláns...", decide participar nos comicios "como medio de incrementar a concencia e a orgaización políticas dos traballadores no camiño da autodeterminación" dentro dun

---

98 A decisión de celebrar o I Plenario o 25 de abril de 1976 provoca no interior da AN-PG un conflito que remata coa escisión dunha parte dos integrantes da organización. Aínda que foi esta a razón esgrimida, en realidade as causas habería que buscalas nas críticas dun sector da organización ao que eles cualificaban como un excesivo "dirixismo" por parte da UPG ("Un problema grave na AN-PG", *Boletín da AN-PG*, maio 1976). O grupo que se escinde crea, o 10 de outubro de 1976, a Asamblea Popular Galega, unha organización asemblearia desde o principio moi próxima ao PSG, que a vai apoiar aínda que os seus militantes non se integren nela. A APG integrará no seu seo un sector das Comisións Labregas da UPG, CC.LL. "Terra"; un sindicato de traballadores, Comités de Traballadores Galegos; e unha frente de estudantes. Manterá unhas relacións moi estreitas coa Asamblea Popular do Baixo Miño, coa Asamblea Democrática de Arousa, e coa Asociación Galega da Muller. Unha das accións máis tanxíbeis da APG foi a colaboración co PSG na constitución da revista *Teima* nos anos 1976-77 (Beramendi e Núñez, 1996). A APG disolverase o 4 de decembro de 1977 a través da decisión adoptada nun Plenario extraordinario celebrado na Coruña (*La Voz de Galicia*, 6 de decembro de 1977, p. 19).

99 *Ceibe*, núm. 8, marzo 1977, p. 7.

"bloque político pluralista" que buscaría a integración de todos aqueles partidos galegos que decidisen apoiar o programa da AN-PG e que a recoñecesen como "...alianza política das orgaizacións de masas nacional-populares"[100], concretando desta maneira a proposta feita no nadal de 1976.

A UPG, a partir de febreiro de 1977, cérrase de forma contundente sobre a AN-PG e todo o complexo organizativo que fora impulsando desde 1972 e que será definido coa denominación de: Movemento Nacional Popular Galego. Este partido asumía o papel de vangarda dirixente da frente interclasista, co obxectivo fundamental de guiar ás clases nacional-populares na loita pola liberación nacional[101].

Ante a proximidade das eleccións e partindo de que tanto a UPG como a AN-PG non foran legalizadas, reformúlase a proposta de formación dun bloque nacional popular, que vai ser entendido como "unha alianza estratéxica, inequívocamente galega e popular, que asuma a loita pola liberación nacional e social de Galicia"[102]. Coa denominación de Bloque Nacional Popular Galego, será coñecida a alternativa política representada pola UPG e a AN-PG, que inicialmente ten que ser presentada baixo a forma xurídica de agrupación de electores, ao non estar legalizadas ningunha das dúas forzas, pero realmente funcionará como unha coalición electoral. As eleccións de xuño de 1977 constituirán a primeira experiencia do BNPG[103]. Este feito marcará unha constante ao longo da historia da UPG, xa que en ningunha ocasión concorre ás eleccións coas súas siglas, senón que o fai sempre formando par-

---

100 *Ceibe* ..., p. 8.
101 Véxase o texto co título "Que é a UPG" publicado na primeira páxina do *Terra e Tempo* número 45 de abril de 1977.
102 *Terra e Tempo*, nº 44, abril 1977, p. 8.
103 Nunha rolda de prensa celebrada en Santiago o 25 de abril de 1977, membros da UPG e da AN-PG, á espera da legalización do BNPG, presentaban as modificacións nas listas ante os problemas que tiveran con algúns dos candidatos (antes das eleccións producírase algún caso máis de renuncia) e afirmaban que: "...presentarémonos como bloque nacional-popular, contando coas firmas necesarias pra presentarnos como independentes". *La Voz de Galicia*, 26 de abril de 1977, p. 49. O BNPG tivo que achegar cincocentas sinaturas por provincia para poder concorrer ás eleccións (información procedente dunha conversa con Francisco Rodríguez).

te dunha "coalición", caso do BNPG, ou como integrante dunha frente nacionalista, caso do BNG. Na presentación do BNPG as forzas integrantes negarán calquera posibilidade de participar noutra coalición, poñendo o programa por diante, ao que non renunciarían de ningunha maneira; só cabería a posibilidade de establecer unha alianza estratéxica, pero nunca conxuntural.

A UPG vai celebrar o seu I Congreso, aínda na clandestinidade, os días 26, 27 e 28 de agosto de 1977. Este Congreso suporá un paso fundamental na consolidación da organización xa que nel se formalizan os seus órganos directivos, incluída a elección da secretaria xeral (Elvira Souto Presedo) e do presidente do partido (Bautista Álvarez Domínguez), ademais de aprobar o programa e os estatutos, nos que se define como "...Partido de vangarda da clase obreira galega que defende ouxetivamente os intereses de tódalas clases traballadoras do noso país. A UPG é un Partido patriótico, porque asume a loita de liberación nacional, na perspectiva da instauración dun Estado galego democrático e popular, que remate coa colonización que padece o país, como paso indispensábel prá instauración, mediante a dictadura do proletariado, do Socialismo no camiño da sociedade comunista"[104]. A UPG aposta pola potenciación da AN-PG, entendida esta como punto de confluencia de todos os sectores populares galegos, outorgándolle un papel mobilizador fundamental na concienciación do pobo. En agosto do mesmo ano tamén se celebra o I Congreso da Unión da Mocedade Galega (UMG), organización da mocidade da UPG, cunha finalidade política que será definida no artigo 50 dos Estatutos do partido nos seguintes termos: "a de ser escola de militantes comunistas e base para a continuidade do Partido"

No mes de outubro de 1977 tiña lugar a celebración do III Plenario da AN-PG, abrindo unha nova etapa na que primeiro se reunía o Congreso da UPG e a continuación os Plenarios da AN-PG, feito que poderemos comprobar máis adiante. O III Plenario supón a formalización definitiva da AN-PG a través da

---

104 Artigo 1 dos Estatutos aprobados neste I Congreso.

aprobación dos seus estatutos, nos que se define como "unha orgaización política, apartidaria e interclasista que reúne ó redor do seu Programa a todos aquiles patriotas galegos que loitan consecuentemente pola Liberación Nacional e Social de Galicia", e que pretende ser a "unión práctica, non teórica, das clases populares galegas"[105]. Nel tamén se referendan as reformas organizativas que se produciran desde a súa constitución, quedando conformada da seguinte maneira: unha Dirección Nacional composta por tres membros de cada zona, (no I Plenario quedaran establecidas en sete); á súa vez a D.N divídese en: Pleno (todos os membros representantes de cada zona máis a Secretaría Colexiada), Permanente (un representante de cada zona e a Secretaría Colexiada) e, finalmente, a Secretaría Colexiada (formada por tres secretarios)[106]. A pesar da nova redefinición como organización política, vaise manter o orixinal carácter frentista, así como a súa estrutura funcional a través das diversas frentes de actuación. É necesario destacar que neste momento as diversas estruturas sindicais de carácter sectorial que inicialmente formaban parte da AN-PG, xa se desvincularan a nivel orgánico da mesma. Esta reforma tamén vai afectar a unha das frentes máis activas da organización, a Frente Cultural, que será redefinida atendendo ás novas circunstancias[107]. Outro dos temas obxecto de debate no Plenario é o programa da AN-PG, que aproba finalmente as Bases Constitucionais, o que implicaba o mantemento da loita por acadar "un Goberno Provisorio Galego que asuma o poder"[108], e a confirmación da postura rupturista.

---

105 *Ceibe*, nº 25, febreiro 1979, p. 3.
106 *Estatutos AN-PG*, artigo 19, capítulo IV: "As Direcios e Coordinadoras da AN-PG". A primeira Secretaría Colexiada será ocupada por Lois Diéguez (secretario portavoz), Carmen Entenza e Pilar Allegue. En xullo de 1978 a Dirección Nacional, previa discusión entre a militancia, aproba a ampliación da Secretaría a dous membros máis, quedando en cinco. Manuela Fraguela e Fernando Pérez serán os titulares dos novos postos.
107 A Dirección Nacional nomea unha comisión encargada de elaborar unha ponencia sobre a frente cultural e a súa actuación até o momento. Esta comisión estará formada por intelectuais como Dario Xohan Cabana, Manuel Maria, Pepe Barro, Emiliano Picouto e Xesús Vázquez, entre outros.
108 *Estatutos AN-PG,* artigo 3, capítulo I: "Principios políticos e programáticos".

A concorrencia da AN-PG ás eleccións (na coalición BNPG) fai obrigada a súa reformulación, xa que funcionalmente pasa de ser unha asemblea de masas na que confluían todas as organizacións nacional-populares para "...se converter nunha estructura exclusivamente política, afastándose dela tanto o SOG como ERGA" (Leira, 2000:163).

Para entender a nova funcionalidade da AN-PG (sempre no esquema ideolóxico-organizativo da UPG) é moi ilustrativo un documento publicado no seu voceiro *Ceibe*[109], que previamente fora obxecto de debate entre a militancia, no que se define o espazo político da organización. O punto de partida é o establecemento do campo de actuación da frente patriótica interclasista, "o reivindicativo político que se faga dende unha perspectiva nacional, isto é, integradora das clases sociais", continuando coa delimitación do seu espazo político como aquel que "queda entre o campo propio da UPG e o campo seudonacionalista ou dereitista dos restantes partidos actuantes en Galicia", condicionando a cobertura efectiva deste espazo á axilidade da AN-PG, que se mediría pola súa capacidade para relacionarse con todo tipo de organizacións. Neste documento parece que a Asamblea estaba adquirindo unha maior autonomía organizativa a respecto da UPG.

No marco das forzas integrantes do BNPG e das organizacións vinculadas a elas, temos que destacar que entre 1977 e 1978 se celebran os congresos das organizacións sindicais. En outubro de 1977, ten lugar o I congreso da Intersindical Nacionalista Galega (ING), no que se produce a integración de todos os sindicatos sectoriais nunha soa central sindical nacionalista. En xaneiro de 1978, celébrase o I Congreso de ERGA. As Comisións Labregas terán que esperar até abril de 1979 para celebrar o seu primeiro Congreso polas dificultades para conseguir a súa legalización.

Unha das longas batallas das forzas nacional-populares foi a da legalización, que se inicia a comezos de 1977. As primeiras eleccións xerais celébranse sen o recoñecemento de todos os

---

109 "Espacio político da AN-PG", *Ceibe*, nº 20, agosto 1978, p. 5.

partidos políticos que levaran a cabo os trámites da legalización. Na mesma situación que a UPG e a AN-PG atopábanse moitas organizacións de esquerda (o Partido Comunista de España non é legalizado até abril de 1977) que tiveron que esperar, na maioría dos casos, até as segundas eleccións para poder presentarse de forma legal. A AN-PG é a primeira en acadar a legalización en marzo de 1978. O proceso podería dividirse en dúas fases: a primeira, comezaría en maio de 1977 coa presentación dos estatutos ante o Ministerio de Gobernación, que declara á AN-PG como unha asociación benéfica e non política, previa remisión da documentación á Audiencia Nacional por parte do Goberno. Ante esta decisión, e como estaba previsto, preséntase un recurso xudicial. A AN-PG é declarada ilícita polo Goberno, en xaneiro de 1978, antes da resolución do recurso interposto. A segunda fase, comeza en febreiro de 1978 coa nova presentación dos estatutos, e coa concertación dunha entrevista entre os dirixentes da organización e o director xeral de política interior. Esta vez a resolución é favorábel e a AN-PG será legalizada[110]. A legalización é interpretada pola organización como un gran avance no recoñecemento da loita emprendida en 1975[111].

Polo que respecta á UPG, que tamén comezara cos trámites de legalización a comezos de 1977, será legalizada en xullo de 1978 coa inscrición no Rexistro de Asociacións Políticas do Ministerio de Interior. Con anterioridade, en setembro de 1977 devolvéranlle os estatutos, condicionando a súa legalización ao recoñecemento do novo marco institucional e da Constitución como representativos da vontade popular. Ante esta demanda, imposíbel de aceptar sen previamente renunciar aos principios definidores da organización, a UPG decide reiniciar o proceso, pero esta vez a solicitude de legalización acompañaríase coa definición da UPG como un partido marxista-leninista dirixido á consecución do socialismo en Galiza a través da revolución nacional-popular. Este segundo intento culmina coa legalización.

---

110 "La Asamblea Nacional Popular Gallega, legalizada", *La Voz de Galicia*, 23-03-1978, p. 17.
111 *Ceibe*, nº 8, abril 1977, p. 3.

Os atrasos na legalización, motivados moitos deles polo medo a que estes partidos e grupos obtiveran un respaldo electoral considerábel que supuxera unha verdadeira ameaza para o avance da transición, foron utilizados para criticar duramente a primeira consulta electoral, cualificándoa de antidemocrática, ao non garantir liberdades democráticas básicas como a de asociación e participación na vida política.

Outro asunto importante ao que debemos facer referencia é o papel que desempeñan as forzas integrantes do BNPG ante dous temas fundamentais na transición: o texto constitucional e a autonomía. Desde o primeiro momento, e como xa subliñamos, manténense nunha posición claramente rupturista, propoñendo como alternativa ao modelo autonómico que se deseña na Constitución, as Bases Constitucionais, e con elas un modelo federal de estruturación do poder do Estado, previo recoñecemento do dereito de autodeterminación ao pobo galego. Os preceptos constitucionais interprétanse como unha "agresión colonial" ao non recoñecer os dereitos nacionais de Galiza, pero tamén como unha "agresión imperialista" por atentar "contra dos intereses das clases populares". O rexeitamento da Constitución será a postura final defendida polo BNPG, xa que o "non" equivale a: "a) autodeterminación, b) Goberno Galego e Popular, c) anticolonialismo, d) democracia, e) Asemblea Constituínte Galega, f) intereses das clases populares galegas, g) liberación nacional: NACIONALISMO POPULAR." Pola contra, o "si" supón: "...a) autonomía, b) Xunta-Goberno español, c) asoballamento colonial, d) dictadura da burguesía española, g) Estado unitario e imperialista: ESPAÑOLISMO". A abstención vai ser desbotada, cunha clara referencia ás forzas que adoptaron esta postura, por "oportunista e equívoca"[112]. Na explicación da súa postura ante o texto constitucional deixan claro o marco interpretativo, con evidentes referencias negativas asociadas ao denominado "españolismo", oposto totalmente ao nacionalismo popular que é vinculado a referencias positivas.

---

112 "O porqué do noso non á Constitución Española", *Ceibe*, nº 21, outubro 1978, p. 3.

As forzas do BNPG sitúanse dentro das formulacións defendidas no seo do CFPG, rexeitando todo o que significase "posturas conciliatorias". No tocante á autonomía e ao Estatuto a postura vai ser a mesma, é dicir, de rexeitamento absoluto.

3.2.3. O nacemento de novas opcións nacionalistas

Despois das eleccións de xuño de 1977 ábrese unha nova etapa no seo do nacionalismo galego que se caracterizará pola constitución de novas forzas políticas nacionalistas.

A alternativa do Partido Obreiro Galego (POG)

Pouco despois das eleccións de xuño, prodúcense unha serie de acontecementos que desembocan nunha das crises máis importantes dentro da UPG e da AN-PG, protagonizada por un grupo de militantes entre os que estaba Camilo Nogueira. Este militante, que xa non formaba parte da UPG en xuño, aínda que vai seguir sendo candidato nas listas do BNPG por Pontevedra, vai ser "suspendido temporalmente da súa condición de militante" da AN-PG nunha sesión ordinaria celebrada o 13 de agosto de 1977[113]. O destacábel desta crise é que Camilo Nogueira vai ser a cabeza máis visíbel dun grupo de militantes da UPG (entre os que se atopaba un dos redactores das Bases Constitucionais, Vilas Nogueira) que abandonan as organizacións nacional-populares. Estes acontecementos teñen como principal causa a apertura dun debate que se inicia coa redacción do documento, "Alternativa Partidaria dos Traballadores Galegos", no que se propón unha reforma do Movemento Nacional Popular, subliñando a necesidade de construír un verdadeiro partido de masas socialista e nacionalista. Este debate vaise agudizar coa presentación dun novo documento no que se criticaba o dirixismo da UPG sobre a AN-PG, deixándoa sen independencia política ningunha, e o seu posicionamento negativo frente á autonomía e ao Estatuto. Por iso, propuñan a presentación dunha alternativa estatutaria progresista a través da creación dunha frente ampla que servise de confluencia tanto a

---

113 O propio Camilo Nogueira no libro de Suso de Toro (1991) afirma que antes de ser expulsado xa abandonara a AN-PG.

partidos nacionalistas como a partidos da "esquerda española" (Romasanta, 1991:121). O problema resólvese excluíndo da AN-PG ao grupo de militantes que apoian esta alternativa.

O 31 de outubro de 1977 celébrase en Marín a Asemblea fundacional do Partido Obreiro Galego (POG)[114], que nace asumindo os dous documentos que se debateran no seo da AN-PG. Na asemblea estarán presentes ex-militantes da UPG, da AN-PG, do MCG, do PSG, do PCG, do PTE, un grupo de integrantes da APG[115] (que a propoñen como a asemblea do novo partido), e un grupo de independentes, conformando unha cifra aproximada de 200 asistentes, aínda que o número total de militantes se achegaba aos 300. O novo partido vai fundamentar a súa ideoloxía na defensa da liberación nacional de Galiza e do socialismo como paso previo para unha sociedade libre e sen clases sociais. Nesta primeira asemblea manifestan, en relación coas futuras eleccións municipais: "se non se consigue a unión dos grupos políticos de esquerda, apoiariamos as candidaturas populares, ou en todo caso unha alianza máis restrinxida de grupos de esquerda"[116]. O POG vai ser un dos partidos esenciais para entender a dinámica interna no nacionalismo galego a partir de 1978.

A UPG no seu I Congreso criticara duramente aos integrantes do grupo escindido, cualificándoos de "...seudonacionalistas da terceira vía"[117]. Pola súa parte a AN-PG anuncia no seu III Plenario a constitución dun novo partido que se fundamen-

---

114 Haberá que esperar até os días 27 e 28 de xaneiro para asistir á celebración do I Congreso do POG en Vigo. Entre os membros que saen elixidos polos delegados para formar o primeiro Comité Central do partido destacan: Camilo Nogueira, Manuel Pérez, Andrés Salgueiro, Francisco Vizoso, Francisco Lores, Xan López Facal, Ana Gandón, Pura Barrio e Eloy Alonso (*La Voz de Galicia*, 30-01-1979, p. 20).

115 Carlos Vázquez (de Toro, 1991) subliña que dentro da APG convivían dúas "correntes de opinión", unha partidaria de crear un partido de tendencia socialdemócrata (Xan López Facal, Carlos Vázquez,...), e outra que apostaba por potenciar unha organización asemblearia (Cesar Portela, Daniel Pino,...). Os primeiros integraríanse no PSG ou no POG, os segundos, coñecidos como os "ácratas", formarían a Irmandade Galega en Pontevedra.

116 *La Voz de Galicia*, 1-11-1977, p. 18. Para ampliar a información véxanse as *Bases Político-Ideolóxicas do Partido Obreiro Galego. I Congreso*. POG, 1979.

117 I Congreso UPG, p. 15.

taría na unidade da esquerda e no esquecemento da fundamental contradición nacionalismo-españolismo, cualificándoos de verdadeiros antinacionalistas. Pseudonacionalismo, españolismo e esquerdismo pequeno-burgués van ser tres dos adxectivos utilizados pola UPG e a AN-PG para criticar a todos aqueles partidos e grupos políticos que non están dentro do proxecto nacional-popular, como era o caso do POG.

A UPG-Liña proletaria, o Partido Galego do Proletariado e Galicia Ceibe

Outro acontecemento destacábel, sobre todo pola súa relación coa UPG, é o nacemento dun novo partido nacionalista radical cuxas orixes se remontan á crise que se produce na UPG en novembro de 1976 e que remata coa expulsión de Xosé González "Pepiño" e a saída de Xosé M. García Crego. As razóns destes sucesos nunca foron totalmente esclarecidas polo que só contamos coas versións dos protagonistas, que van desde formulacións estratéxicas alternativas (versión de Xosé González) até loitas polo poder (versión de Pedro Luaces), pasando por caudillismos personalistas (versión da UPG). Estes acontecementos conduciron á celebración dunha serie de reunións entre algúns ex-militantes da UPG[118], co obxectivo de "...rectificarem, desde dentro, o rumo da organizaçom." (Gonçález Blasco, 2000:196), pero aínda que xorde unha corrente crítica dentro da UPG as cousas non van a máis. As reunións deste grupo desembocan na constitución en 1977 da UPG-liña proletaria, autoproclamándose como a verdadeira sucesora da liña que a-UPG seguira a partir de 1972, e adoptando o *Terra e Tempo* como voceiro, que iniciará a súa primeira publicación, dunha serie de tres, en maio de 1977. A adopción das mesmas siglas e o mesmo voceiro conduciron ao enfrentamento entre os militantes da UPG "oficial" e os da UPG "proletaria".

No primeiro *Terra e Tempo* propónselle á UPG (oficial) a celebración dun congreso extraordinario, no que se debería

---

118 Nomes como o de Antom Bértolo Losada, Xerardo Rodríguez Arias, Manuel Pousada Cubelo, Francisco Xavier Vilhaverde, Iago Santos Castroviejo, as irmáns María e Nevo Álvares Santamarina, integraban, entre outros este grupo de ex-militantes da UPG, ademais dos coñecidos "Pepiño" e García Crego.

corrixir a liña emprendida polo partido desde finais de 1976 e onde se elixiría unha nova dirección do partido. Tamén se facía un chamamento á abstención nas eleccións de xuño de 1977 para non lexitimar a reforma política. A UPG vai manter silencio sobre a crise, e só en momentos puntuais fai unha análise da situación, no I Congreso, ou en documentos internos como *Canle* nº 9 na que se lle explican aos militantes os sucesos de novembro. O grupo "proletario" non obtén moitas adhesións por parte da militancia da UPG, o que os fai claudicar da idea de reformar a organización desde dentro, apostando pola creación dunha nova forza nacionalista. En abril de 1977 únense ao proxecto "crítico" un pequeno grupo de militantes da UPG, entre os que se atopaban persoas expulsadas e outras que saíran voluntariamente. Este colectivo coñecerase co nome de "grupo de Ferrín".

Manuel Mera (Leira, 2000) afirma que as expulsións se produciron na Asociación Cultural de Vigo en abril de 1977, despois dunha asemblea moi tensa na que se debatían temas sindicais. Realmente, o problema sindical estaba latente desde mediados de 1976 cando Méndez Ferrín, F. Marzoa e Arias Curto, entre outros, defenden a construción dun sindicato único galego "de clase" frente á idea defendida maioritariamente e que eles cualificaban como unha central sindical "sectaria" (Romasanta, 1991:113). O detonante final desta crise foi a aparición do coñecido como "Documento dos 16 folios", atribuído a Ferrín, no que se fai unha crítica á dirección da UPG (son nomeados como "os coroneis"), que se podería resumir en varios aspectos: entreguismo ao sistema, que se manifesta no abandono da loita armada e na substitución do termo independencia por autodeterminación; dereitismo; unha errónea política de alianzas e unha alternativa sindical fundamentada en pequenos grupos sectoriais e non nunha central sindical galega única. Todas estas críticas están moi en consonancia cos posicionamentos do grupo que pretendera reformular a organización desde o seu interior. Da unión destes dous "grupos" xorde o Partido Galego do Proletariado que celebra o seu Congreso fundacional entre os días 23 e 25 de marzo de 1978 na cidade de Vigo. O PGP vaise definir como un partido independentista dende presupostos marxistas-leninistas, herdeiro directo da UPG. Dentro das ponencias aprobadas no congreso resalta un documento no que se di textualmente que "O organismo director da loita de liberación nacional, o Frente, pra asegurar o éxito final deberá contar o antes posíbel cun Destacamento Armado que, progresivamente, se vaia transformando nun Exército do pobo."[119] A organización armada denominarase, Loita Armada Revolucionaria (LAR) e iniciará as súas primeiras accións en 1979, sendo desactivada en setembro de 1980 despois dunha investigación policial que remata coa detención dunha parte importante da cúpula do PGP. Tamén se deseña unha frente de liberación nacional que, como observamos na cita, será a encargada de dirixir a loita pola liberación, pero sempre baixo a coordinación do partido, o PGP.

Co obxectivo de poñer en funcionamento o antes posíbel a frente, faise un chamamento a "tódolos nacionalistas e a tódolos partidos e organizacións de dirección nacional galega" a través do *Sempre en Galicia*, voceiro do PGP, en febreiro de 1979. O chamamento enmarcase nun proxecto unitario coa vista posta nas eleccións previstas para ese ano. Ante a negativa das forzas nacionalistas a participar no proxecto, a frente é impulsada despois das eleccións municipais de 1979 co nome de Galicia Ceibe-Organización de Liberación Nacional (GC-OLN). A denominación da frente xurdira inicialmente con motivo das primeiras eleccións municipais como unha plataforma electoral que presenta unha candidatura no concello Vigo promovida polo PGP. Galicia Ceibe será a partir deste momento a organización-marco de confluencia dos nacionalistas independentistas, sobre todo despois da autodisolución do PGP en 1981, ano no que é legalizada Galicia Ceibe. As principais accións da frente nestes anos redúcense ás manifestacións a prol da amnistía, constituíndo as chamadas XUGAS (Xuntas Galegas pola Amnistía). En realidade, Galicia Ceibe sempre se mantivo como un reducido grupo de nacionalistas independentistas.

---

119 Programa aprobado no *I Congreso do Partido Galego do Proletariado*. García, Domingos (2000:349).

O nacemento do novo Partido Galeguista

Desde marzo de 1977, o Partido Galego Social Demócrata experimenta un cambio importante na liña política adoptada até ese momento. No seu XII Plenario, Xosé Luís Fontenla, que, como xa dixemos, era o principal nexo de unión entre o PGSD e a UPG, deixa a dirección do partido, militando posteriormente no PSG. O seu substituto, Alfonso Zulueta de Haz, posicionarase a favor de traballar pola autonomía, afastándose claramente dos posicionamentos do BNPG e defendendo firmemente a ideoloxía sobre a que se asentaba o PGSD: "socialismo humanista, personalista e non marxista" (Rivas e Taibo, 1977:122).

O Partido Popular Galego (PPG) de Xaime Isla e Fernando García Agudín, que xurdira moi próximo ao "Equipo Demócrata Cristiano" do Estado, capitaneado por Izquerda Democrática de Ruíz Giménez, defendía un proxecto de "construción dunha sociedade plural e humanista"[120]. En 1977 percíbese con claridade dentro do partido a existencia dunha división entre dous sectores: un, partidario de integrarse en Unión de Centro Democrático (UCD), por afinidades ideolóxicas e o outro, decantado polo mantemento da independencia do partido dentro da esfera do galeguismo. O primeiro grupo intégrase na UCD antes das eleccións, e o segundo aposta pola continuación do proxecto galeguista fundacional.

Tanto o PPG como o PGSD concorren ás xuntanzas para a constitución da alianza proposta polo PSG para as eleccións ao Congreso de 1977. O PPG é o primeiro en abandonar as conversas (no terceiro encontro), aducindo como razón fundamental a presenza de forzas políticas comunistas no interior da "posíbel" alianza. Este argumento perde parte da súa consistencia desde o mesmo intre en que o PPG decide formar parte da Candidatura Democrática Galega para o Senado, xa que nela tamén estaban o PCG e o MCG.

As afinidades ideolóxicas, e incluso históricas, entre o PGSD e o grupo que se mantén no PPG, posibilitan o achegamento entre as dúas forzas e a presentación conxunta de can-

---

120 *La Voz de Galicia*, 26-04-1977, p. 52.

didaturas ás eleccións de xuño de 1977, baixo a denominación de Equipo Democracia Cristiana e Social Democracia Galega. O apoio electoral obtido (23.014 sufraxios) non respondía ás expectativas iniciais da coalición [Quintana, 1995:7(198)]. Ante estes resultados, un grupo de afiliados do PPG retoman a tese da integración na UCD, que, como vimos, defenderan, e fixeran efectiva, unha parte dos seus compañeiros antes das eleccións.

O PGSD e o sector que permanece no PPG comezan a traballar conxuntamente co obxectivo de dar cobertura ao "galeguismo de centro". Este proxecto, ao que se unirá un grupo dos denominados galeguistas históricos (entre os que se atopan Manuel Beiras e Ramón Martínez López)[121], terá como resultado a constitución do Partido Galeguista o 6 de xullo de 1978, previa fusión dos dous partidos, nun intento de refundación do vello PG[122]. A asemblea constituínte celébrase o 5 de novembro de 1978 en Santiago, elixíndose nela a primeira executiva do partido, na que estarían, entre outros, Ramón Martínez López, que se presentaba como un dos fundadores do PG en decembro de 1931, como presidente; Antón Viana Conde no cargo de vicepresidente e Avelino Pousa Antelo ocupando a secretaría xeral. A pesar de que o partido se formaliza nestas datas haberá que esperar até o 16 de xullo de 1979 para asistir á súa legalización. O Partido Galeguista nacía como unha alternativa política de centro, de carácter interclasista, defensora dun nacionalismo moderado (partidario dun estatuto de autonomía), e co obxectivo de recoller o legado histórico do vello Partido Galeguista, coa aura de lexitimidade que isto levaba asociado[123].

O outro sector dos galeguistas históricos, representado por Ramón Piñeiro, seguía apostando pola galeguización, desde dentro, das forzas políticas estatais que tiñan presenza en Galiza, impedindo unha desexábel confluencia no novo partido, o

---

121 *La Voz de Galicia*, 7-07-1978.
122 En xullo de 1978 aparecen as primeiras noticias do intento de refundación do PG. *La Voz de Galicia*, 7-07-1978.
123 Quintana Garrido, X.R., 1995, pp. 7-8.

que provoca as primeiras dificultades para recuperar o simbolismo do PG. Un exemplo do enfrentamento entre as dúas formas de entender a defensa do galeguismo terá lugar no II Congreso do PG[124], celebrado en Poio (Pontevedra) os días 6 e 7 de xuño de 1981. Ramón Piñeiro apoiado por Francisco Fernández del Riego, en calidade de convidados, realiza un discurso contra o partido, negándolle a lexitimidade do vello PG, coa argumentación de que pertencía a unha etapa histórica na que o galeguismo estaba representado nunha única alternativa, e defendendo, pola contra, a súa estratexia galeguizadora como a máis apropiada para o momento[125].

3.2.4. A modo de epílogo

Introducidos os principais actores da escena política galega na etapa que comprende o presente traballo, pasamos a continuación a destacar algúns dos acontementos que marcan a evolución das forzas nacionalistas galegas. Por un lado, destácanse os factores de carácter político e institucional que afectan ao nacionalismo, e polo outro subliñanse as relacións entre as distintas forzas a partir do posicionamento ante determinadas circunstancias. Atenderemos unicamente aos feitos acaecidos nos anos 1977 e 1978, deixando o 1979 para o seguinte apartado.

1977 é un ano clave para entender o proceso estatutario galego xa que a finais do verán, se constitúe a Asemblea de Parlamentarios de Galiza co obxectivo de crear un organismo provisorio, a Xunta Preautonómica, encargada de preparar o terreo estatutario nos termos que se prescribiran na Constitución. O ano remataba coas manifestacións do 4 de decembro; por un

---

124 Neste Congreso tamén se produciron outras novidades como a presentación de dúas ponencias contrapostas, unha delas defendida por Luís Sobrado, que fora o secretario xeral até a súa dimisión en abril de 1981, na que se insistía, entre outras cousas, na necesidade de que entrasen no partido o maior número posíbel de galeguistas históricos; a outra presentada por Alfonso Álvarez Gándara, na que se apostaba fortemente pola xente nova. Finalmente, a tese vencedora será a de Álvarez Gándara así como tamén a súa candidatura á secretaría xeral do partido (*Faro de Vigo*, 9-06-1981, pp. 30-31).

125 Para ampliar información sobre o Partido Galeguista pode consultarse o libro de Liñares Giraut (1991), pp. 141-153.

lado, celébrase unha concentración convocada polo presidente preautonómico (Antonio Rosón) para pedir a autonomía, e por outro, o BNPG e as Comisións Labregas convocaban para o mesmo día unha tractorada que tería un seguimento moi elevado (20.000 tractores ocuparon as estradas galegas) [Rivas e Gaciño, 1980] contra a cota da Seguridade Social Agraria.

Este ano foi significativo para o nacionalismo galego, por celebráranse os primeiros congresos e plenarios, que supuñan a formalización das súas estruturas organizativas, pero tamén por ser o primeiro ano electoral. Nos comicios de 1977 o nacionalismo galego obtiña uns resultados[126] que o situaban moi por debaixo dos seus homónimos cataláns e vascos. Entre as opcións nacionalistas, o PSG é a forza máis votada con 27.366 votos, seguida polo BNPG con 23.109 sufraxios. As valoracións dos resultados móvense entre dúas posturas: a do PSG, que resalta a implantación que consegue a través da súa proposta electoral, aínda que sen dúbida será un dos máis prexudicados polos resultados xa que, como vimos, provocan a agudización dalgúns dos conflitos que estaban latentes no seu seo; e a do BNPG, que sinala as carencias nas que se desenvolveu a campaña electoral, marcada pola situación de ilegalidade na que se atopaban as forzas que a integraban e o papel xogado polos medios de comunicación[127]. Debemos ter en conta, seguindo a Víctor F. Freixanes (Romasanta, 1991: nota ao pé número 109), a carencia de medios económicos dos partidos nacionalistas galegos, o que implicaba que a maior parte do traballo recaese no compromiso da militancia[128]. Outro dato a ter en conta é que todas as forzas nacionalistas galegas concorreron ás eleccións a pesar de estar en contra da Lei para a Reforma Política e da "ruptura pactada", o que implicaba un posicionamento que se complica se temos en conta a situación de ilegalidade

---

126 Os resultados destas eleccións inclúense na táboa 1 do Apéndice I.
127 "O que foron pra nós as eleccións", *Ceibe*, nº 9, xullo 1977, p. 5. Na p. 2 deste mesmo número publícase un "Comunicado da Dirección Nacional da AN-PG, encol das eleccións", no que se expresa a carencia de medios económicos para enfrentarse coa campaña electoral, subliñando "...o esforzo i entrega da maioría dos nosos militantes".
128 "O que foron pra nós as eleccións", Ceibe, nº 9, xullo 1977, p. 5.

na que se atopaban a maior parte delas. No caso do BNPG, recórrese a unha dobre vía de actuación: participar a través das canles políticas legalmente establecidas (vía institucional), sempre matizada nos documentos políticos como a única maneira posíbel para evitar ser grupusculizados; e a mobilización (vía non institucional) en torno a accións concretas que van ser canalizadas a través da AN-PG, fundamentalmente, e polos sindicatos e outras organizacións nacionalistas ante situacións relacionadas con sectores particulares. Esta maneira de actuar adecúase á definición que nos ofrecen Pedro Ibarra e Francisco Letamendía (1999) das organizacións nacionalistas, onde subliñan a súa tendencia a abarcar todas as modalidades da acción colectiva sustentada no seu carácter por definición reivindicativo (nota ao pé número 22).

Neste epílogo tamén debemos ter en conta a celebración do Día da Patria Galega[129], xa que nas convocatorias das manifestacións podemos observar a postura defendida por cada unha das forzas no momento no que se tenta convocar un acto conxunto e, ao mesmo tempo, podemos subliñar as reticencias existentes e os argumentos que marcan as diferenzas nunha data tan especial para o nacionalismo galego. A preparación do 25 de xullo de 1977 caracterizouse pola inicial proliferación de chamamentos co obxectivo posto nunha celebración conxunta. O BNPG convoca a todas as forzas nacionalistas a participar baixo o lema de "Estatuto nunca máis; Bases Constitucionais", interpretando as Bases Constitucionais como "o ouxetivo mobilizador"[130]. A esta convocatoria asisten a Liga Comunista Revolucionaria (LCR) e outras organizacións convidadas como o PSAN(p) (Partido Socialista de Liberación Nacional –provisional–) e EIA (Partido para a Revolución do Pobo Vasco)[131]. A respecto do número de manifestantes a AN-PG no seu III Plenario dá conta da concen-

---

129 A primeira ocasión na que se recupera a celebración do Día da Patria Galega é o 25 de xullo de 1968. A data parte da vixesimosétima declaración da II Asemblea Nacionalista, celebrada en 1919, na que o 25 de xullo vai ser declarado como "Día do Emigrante". A partir de 1920 será coñecido como o "Día de Galiza".

130 "Chamamento", *Ceibe*, nº 9, xullo 1977, p. 1.

131 *La Voz de Galicia*, 26-07-1977, p. 31.

tración de máis de 12.000 persoas en toda Galiza, das cales 4.000 asistiran aos actos celebrados en Santiago. O PSG, pola súa parte, remite á prensa, a segunda semana de xullo, un comunicado da súa executiva no que se confirman as xestións para a realización dun acto unitario con todas as forzas que asuman o feito nacional galego. Neste documento manifestan a súa "repulsa a quenes pretenden hexemonizar a celebración, así como tamén a respecto daqueles que prestan o seu apoio á dereita continuista"[132]. Á convocatoria do PSG asisten: a APG, MCG, ORT, PTG e o PCaG.

En 1978, con novos actores na escena política, realízanse tres diferentes convocatorias, unha que parte das forzas do BNPG, outra do PSG e a outra do PSOE, PC e UCD. A primeira estivo secundada pola UPG e a AN-PG, ademais das organizacións sindicais afíns e os convidados[133]. No caso do PSG, despois de celebrar a manifestación, convócase un acto-mitin no Teatro Principal (Santiago) no que tamén participan o PGP e o PCaG. Neste acto vólvese insistir na crítica aos intentos da UPG por tentar monopolizar o nacionalismo, evitando desta maneira que se realizase un acto conxunto. As críticas tamén se dirixiron ao POG motivadas pola asistencia á convocatoria do PSOE e a UCD que celebraron os seus actos na praza do Obradoiro, reivindicando a autonomía para Galiza, e aos que tamén asistiron outras organizacións como o PC, PTG, MCG, LCR, CC.OO, UGT, e CSUT.

Estes actos amosan as tres frentes abertas dentro do panorama político galego, dúas delas conformadas por partidos e organizacións nacionalistas galegas e a outra por partidos de dirección estatal. O BNPG, defende a postura máis radical apostando pola ruptura e pola autodeterminación. O PSG, mantén unha posición máis moderada demandando a autodeterminación como obxectivo estratéxico que debería ser acadado (e aquí está a diferencia), a través do traballo nas institucións existentes sen que iso signifique lexitimalas, o que supón partir do esquema que xorde da denominada "ruptura pacta-

---

132 *La Voz de Galicia*, 13-07-1977, p. 22.
133 "Crónica do Día da Patria Galega", *Ceibe*, nº 20, pp. 6-7.

da". A terceira frente estaría representada polos grandes partidos de dirección estatal, que defenden a Constitución e a descentralización política a través da fórmula autonómica.

3.2.5. As eleccións de 1979: Unidade Galega

O ano 1978 remataba coa promulgación da Constitución española, previa celebración dun Referendo, precedido dunha importante campaña política na que se defenderon as catro opcións posíbeis: a abstención, o voto en branco, o voto negativo e o afirmativo. O POG solicitou o voto en branco; o BNPG defendeu o voto negativo, e o PSG[134], o PGP, e algunhas organizacións de extrema esquerda de dirección estatal, a abstención. O voto afirmativo, foi maioritariamente defendido polos grandes partidos estatais que participaran na Comisión Redactora do texto constitucional[135].

O 10 de setembro de 1978, o Plenario do PSG aprobaba un documento no que se definía a política táctica a seguir polo partido. Este documento, despois de facer unha análise da situación política do momento, conclúe cunha serie de "criterios rectores da táctica do PSG nos meses vindeiros..." que son divididos en tres ámbitos: un referente ao nacionalismo, outro á unidade dos socialistas e o terceiro á política de alianzas. No primeiro, destácase a imposibilidade da consolidación de organismos unitarios a curto prazo, e a centralidade do PSG para fortalecer a esquerda nacionalista. No segundo, apostan por crear un organismo de carácter federal no marco do Estado español co fin de coordinar a todos os socialistas na loita común. E no terceiro, establecían unha orde de prioridades, situando en primeiro lugar o pacto coas forzas nacionalistas, para en segunda instancia ampliarse a toda a esquerda estatal[136]. Desta maneira observamos como o PSG continúa insistindo, a pesar das diferenzas, na necesidade dun pacto entre as forzas nacionalistas.

---

134 O PSG defendeu a abstención a través dunha campaña co lema: "Non des o teu voto a quen te nega".

135 Os resultados do referendo pódense consultar na táboa 2 do Apéndice II.

136 "Criterios Xerais de Política Táctica", *Galicia Socialista*, 2ª xeira, setembro 1978, pp. 3-5.

En decembro de 1978 aparece na prensa o "Manifesto por un
frente nacionalista" asinado por 61 intelectuais e artistas gale-
gos, no que se aposta pola urxente formación dunha alianza
electoral que estea por encima dos partidos e das siglas, "sen
significar a subsistencia de partidos e siglas nacionalistas de
ideoloxías diferenciadas". O manifesto parte da "pouca sensibi-
lidade actual da comunidade galega cara o nacionalismo e da
súa consecuente permeabilidade cara a propaganda centralista
a favor dunha autonomía pensada dende Madrid, sen significa-
do real e a prol dos traballadores" e conclúe coa necesidade
da "unidade nacionalista, único vieiro para chegar a unha co-
rrelación de forzas favorable ao noso problema nacional"[137].
Entre os intelectuais asinantes atópanse militantes de partidos
nacionalistas, a maioría deles do PSG, e independentes.

Este manifesto, tendo en conta a proximidade política dos
seus subscritores, ten unha importancia decisiva para compren-
der o proceso que levará á constitución de Unidade Galega.

A raíz do citado manifesto, celébranse un conxunto de con-
versas, a iniciativa do PSG, nas que van estar o PG, o POG e o
PGP. Destas xuntanzas sae un Consello Consultivo das forzas
nacionalistas no que se reflexionaría conxuntamente sobre "os
problemas que afectaban por igual a tódolos nacionalistas"[138].
As forzas que compoñen o BNPG non van asistir a ningunha
das convocatorias, negándose desde o principio a participar
polas súas diferenzas na cuestión autonómica. Do Consello
Consultivo parte o acordo para concorrer conxuntamente ás
eleccións nunha coalición que estará integrada polo PG, o
POG e o PSG, logo da autoexclusión do BNPG e do PGP pola
súa negativa a participar nas eleccións. A nova coalición vai
responder á denominación de Unidade Galega, sendo presen-
tada a súa solicitude de legalización ante a Xunta Electoral
Central o 16 de xaneiro de 1979, por parte de representantes
de cada unha das forzas integrantes[139]. Este mesmo día, celé-

137 *La Voz de Galicia*, 17-12-1978, p. 22.
138 "Encol de Unidade Galega", *Galicia Socialista*, 2ª xeira, xullo 1979.
139 O Partido Galeguista non podía integrarse oficialmente na coalición até que estive-
se legalizado, un feito que se produciría, como xa vimos, o 19 de xullo de 1979,
ano no que se celebrará o I Congreso do PG os días 3 e 4 de novembro en Santia-

brase a súa presentación pública ante os medios de comunicación como "unha coalición de unidade dos nacionalistas" co obxectivo inmediato de presentarse ás eleccións lexislativas e ás municipais previstas para ese ano. Entre os obxectivos políticos de Unidade Galega destacan, a petición para Galiza do "...máis alto grado de autogoberno permitido pola Constitución vixente; na perspectiva da transformación futura do Estado español nun estado federal. [...] Unidade Galega defenderá o Estatuto de Autonomía que acade o teito das posibilidades constitucionais [...] *(e pretenderá)*[140] Conseguir unha ampla representación progresista na Asamblea de Galicia[...] para que fique garantizada a aplicación dun programa de goberno galego que contribuia a rachar a depedencia política, económica e cultural"[141]

Nacía así a coalición Unidade Galega, unha experiencia efémera pero que na súa corta vida, gozou dun éxito relativamente importante. Un partido de centro (PG), un partido marxista (POG) e un partido socialista (PSG), eran os tres compoñentes de UG.

Para o PSG a coalición significaba a "unidade posible dos nacionalistas galegos" en clara referencia á ausencia do PGP e das forzas do BNPG. Esta unidade será interpretada como o primeiro paso na clarificación, redefinición e recomposición do espectro nacionalista, que se insire nun proceso de aglutinación das forzas nacionalistas contra o "inimigo común". Unidade Galega supón o elemento decisivo para situar a cadaquén no seu lugar. O PSG tenta clarificar o que significa UG para responder aos malentendidos que xorden despois das eleccións, negando calquera posibilidade de que sexa o xermolo dun novo partido, dunha organización asemblearia, ou unha simple correa de transmisión dos obxectivos partidarios, segundo eles trataríase de: "un instrumento de loita, unha plataforma que amplíe o radio de incidencia do nacionalismo gale-

---

go. Neste Congreso Ramón Martínez será elixido presidente de honra, pasando a ocupar o cargo de presidente, Avelino Pousa Antelo e Luís Sobrado o de secretario xeral (que na anterior executiva ocupara o cargo de secretario de estudos).

140 Texto engadido polo autor.

141 *Galicia Socialista*, 2ª xeira, xullo 1979.

go, que potencie a conciencia nacional e social de Galicia e sexa o caldo de cultivo que favoreza o medre das opcións políticas propias e aumente o nível e capacidade de autoorganización populares."[142] O PSG trasladou a UG todas as súas forzas, xa que esta significaba a realización dun dos seus proxectos.

Os partidos que integran a coalición dótana dun regulamento no que se prevé a posibilidade de participación de individuos sen afiliación partidaria, independentes, que asuman un compromiso co programa da coalición. Esta posibilidade faise real na elaboración das candidaturas para concorrer ás eleccións municipais, integrándose nas súas listas un número importante de individuos sen adscrición partidaria. O PSG atribuiralles un papel esencial converténdoos no "...aceite e amortecedor das inevitábeis friccións na coordinación de tres partidos e ao reforzaren os rasgos suprapartidarios que dan sentido á coalición"[143].

As forzas que constitúen UG desempeñaron un papel activo no proceso de elaboración do Estatuto de Autonomía, moi en consonancia cos obxectivos políticos que perseguía a coalición. Sobre todo o PG e o POG que participan na chamada "Comisión dos 16", inicialmente chamado "grupo de traballo dos 16", para a elaboración do Estatuto; o PSG, aínda que inicialmente ía formar parte da Comisión[144], finalmente retírase pola propia existencia da Comisión, xa que para eles constituía un paso innecesario para a elaboración do Estatuto, manifestando a súa disposición a publicar a súa propia alternativa estatutaria[145].

Unidade Galega comezará a desfacerse en 1980 polos con-

---

142 "Encol de Unidade Galega", *Galicia Socialista*, 2ª xeira, xullo 1979.
143 "Encol de Unidade Galega", *Galicia Socialista*, 2ª xeira, xullo 1979.
144 O POG fai unha proposta para que as tres vacantes na Comisión sexan cubertas por partidos nacionalistas, propoñendo a inclusión do PSG, do PG, e do POG. *La Voz de Galicia*, 20-12-1978, p. 20. A postura do POG frente ao proceso estatutario e ao "Estatuto de Autonomía da UCD" exprésase nun interesante documento da Asamblea Permanente do partido datado a 1 de decembro de 1979, co título: *Galicia, da aldraxe á esperanza*. No texto tamén se repasa a actuación do partido a respecto destes temas, facendo un especial fincapé no que debería ser un verdadeiro autogoberno para Galiza.
145 *La Voz de Galicia*, 27-12-1978, p. 19.

flitos internos que se producen. Os problemas tiñan diferentes orixes: 1) O posicionamento adoptado polo PG ante o Estatuto de Autonomía, sobre todo pola negativa a presentar emendas conxuntamente co PSG e co POG ante a Comisión Constitucional do Congreso. Isto provocaba que a coalición quedara reducida a nivel municipal onde tamén xurdiran problemas puntuais ante as acusacións de achegamento do PG a UCD (Cee, Pontevedra,...), rompendo a disciplina de voto que se prescribira inicialmente[146], 2) A negativa do PSG a fusionarse co POG, logo de celebrarse unha serie de contactos con ese fin[147], provocando un conflito entre ambos partidos, e a decisión final do POG de conformar en solitario a alternativa prevista nestes contactos: Esquerda Galega, 3) A creación da Mesa de Forzas Políticas Galegas, integrada polo PSG e as forzas do BNPG, froito dun proceso no que inicialmente participaran a totalidade das forzas políticas nacionalistas galegas. 4) Como consecuencia do anterior, a postura unilateral que adopta o PG ante a Mesa de Forzas Políticas e o papel xogado polo PSG no proceso constituínte, relacionada co achegamento do PG a CiU e ao PNV. A conxunción destes elementos é aproveitada polo partido para abandonar a coalición Unidade Galega, co obxectivo estratéxico de construír unha alternativa nacionalista de centrodereita, fundamentada nun cálculo sobre as condicións contextuais e as perspectivas que se lle poderían abrir[148].

En febreiro de 1980 celébrase o II Congreso do PSG, e nel faise unha avaliación da dirección seguida desde 1977, interpretando esta etapa como a de afirmación do partido. Entre as ponencias presentadas atopábase unha sobre política táctica, dividida en dúas partes: unha primeira dedicada ao "Estatuto

---

146 Sobre a relación UG-PG-UCD-Estatuto de Autonomía, vista por un dos dirixentes do PG, é interesante o traballo de Liñares Giraut (1991), especialmente as páxinas 151-155.

147 Neste senso é subliñábel o comunicado da Secretaría Colexiada do PSG, remitido en xaneiro de 1979 ao Congreso do POG, no que mostraba a súa disposición para iniciar un proceso de achegamento entre os dous partidos coa posibilidade aberta de fusionarse nun único partido socialista e nacionalista polas similitudes ideolóxicas que comparten (*La Voz de Galicia*, 28-01-1979, p. 21).

148 Sobre a crise en Unidade Galega pódese consultar o artigo de Manolo Rivas no nº 1 de *Man Común*, pp. 4-5 (Agosto 1980).

de Autonomía da UCD" apostando polo NON, sempre e cando non se conseguise un estatuto similar ao vasco ou ao catalán e outra, referida ás alianzas, na que se insiste na necesidade de apoiar a Unidade Galega, "traballando pola ampliación a outras forzas políticas nacionalistas" (BNPG e PGP) e reafirmando o obxectivo de traballar "pola coordinación coa –esquerda nacionalista estatal e extraestatal". Outra cuestión que se discute[149] é a posibilidade de "converxer orgánicamente con outras organizacións galegas nacionalistas e de esquerdas", froito do marco establecido a partir dos contactos mantidos co POG, e que supoñía unha das causas da ruptura de UG. Este tema abre un amplo debate interno "da formulación doctrinal, dos prantexamentos estratéxicos, das fórmulas organizativas e da práctica política coas organizacións interesadas", que provoca a creación dunha comisión encargada de analizar a cuestión, que debería quedar resolta, por delegación, nun plenario do partido (previsto para o mes de xullo) e ratificado nun eventual congreso extraordinario[150].

O secretario de acción institucional do partido, Claudio López Garrido, nunha entrevista publicada en setembro de 1980 no número 2 da revista *Man Común*, interpretaba a concepción que cada unha das forzas integrantes de UG tiñan da coalición. Para o PG "a coalición era simplemente unha catapulta que lle iba permitir o seu lanzamento"; para o POG, "era o xermolo dun novo Bloque"[151]; para o PSG, "era a unidade posible dos nacionalistas". Estas declaracións, lévannos a subliñar as diferenzas que existían no mesmo momento en que se constrúe a coalición. Pola súa parte o secretario xeral do PG,

---

149 Neste Congreso prodúcese unha nova reestructuración da Secretaría Colexiada que vai pasar de nove secretarías a sete, quedando conformada do seguinte xeito: Acción Institucional (C. López Garrido), Acción Sindical (Lois Calvo Teixo), Relacións Exteriores (Mario López Rico), Formación (Eduardo Gutiérrez), Finanzas (Roxelio García), Prensa e Propaganda (Lois Antón Pousa), e Organización (Xosé Antón Xardón).

150 *Galicia Socialista*, 4ª xeira, xuño 1980, p. 5.

151 Un membro da dirección do POG, Carlos Vázquez, manifestaba que o POG entendía a coalición Unidade Galega como "...un xerme do bloque histórico capaz de reconstruí-la nación galega nunha perspectiva progresista." *Man Común*, nº 2, setembro 1980, p. 10.

Luís Sobrado, xustificará a participación do PG en UG como unha resposta ao manifesto presentado en decembro de 1978 e asinado por mil independentes, e polas dificultades que atravesaba o partido para a súa legalización. Sobrado, fai un chamamento ao PSG para que decida entre UG ou o Bloque, pola contradición na que incorría ao estar nos dous "bandos". A pesar das diferenzas, o PG manifesta a súa vontade de seguir traballando polo mantemento dos compromisos expresados ante os votantes de UG[152].

A coalición debilítase a todos os niveis a partir do verán de 1980; Unidade Galega estaba esmorecendo nunha triple segmentación protagonizada por cada unha das forzas que a compoñían.

O procesos electorais

Ás eleccións lexislativas do 1 de marzo de 1979, primeiras despois de ser promulgada a Constitución, concorren, dentro do espazo nacionalista, Unidade Galega e o Bloque Nacional Popular, unha denominación que se mantén a pesar de que as dúas forzas que o conforman xa foran legalizadas. O PGP, pola contra, fai un chamamento ao boicot, en consonancia coa súa postura de non participación nos procesos electorais. Os resultados[153], móstrannos un incremento importante do apoio ás dúas opcións, sobre todo no caso do BNPG que case triplica a cifra obtida en 1977, pasando de 23.109 a 64.106 votos, mentres que UG obtén 58.036 votos, duplicando a cifra obtida polo PSG nas primeiras eleccións xerais. En termos porcentuais o voto nacionalista acada a cifra do 11% dos sufraxios emitidos en Galiza. Este resultado foi interpretado como un éxito por parte de cada unha das forzas políticas, aínda que as cifras de UG son as que máis chaman a atención pola experiencia novidosa da coalición. En realidade as forzas que compoñen o BNPG terán que esperar até as xerais de 1993, xa como BNG, para superar a cifra de votos acadada nestas eleccións (é preci-

---

152 *La Voz de Galicia*, 23-07-1980, p. 39.
153 Na táboa 2 do Apéndice I incluímos a totalidade dos resultados das principais forzas políticas en Galiza.

so subliñar que só nos referimos aos resultados dos comicios xerais).

As eleccións municipais do 3 de abril, das que sairán as primeiras corporacións municipais da nova democracia, supoñen a primeira oportunidade para que os nacionalistas, e os candidatos dos demais partidos, poidan acceder a cargos institucionais. Neste proceso é de subliñar que a dirección do Partido Galego do Proletariado, que nas xerais defendera o boicot, opta por participar a través da integración dalgún dos seus candidatos nas listas do BNPG e de UG[154], impulsando tamén candidaturas independentes como foi a constituída no concello de Muros. En Vigo presentarán a Agrupación eleitoral Galicia Ceibe[155].

Nestas eleccións volvemos asistir a un novo crecemento electoral do nacionalismo superando por primeira vez a cifra dos 150.000 votos, o 13,8% dos sufraxios emitidos[156]. O BNPG obtén 78.417 votos, marcando un novo máximo dentro da súa historia electoral particular, mentres que UG acada 69.120 sufraxios o que supón un éxito importante dada a súa corta experiencia vital. O BNPG, que se situaba como a cuarta forza en canto a listas municipais presentadas (167), moi perto do PSOE (172), obtivo 262 concelleiros e nove alcaldías. Pola contra, UG, que só se presentara en 43 concellos, situaba 141 representantes (20% dos candidatos) dos cales nove serán alcaldes, marcando estas cifras o éxito cuantitativo e cualitativo de UG. Un dos representantes máis destacados da coalición será Domingos Merino, militante do PSG, que acadará a alcaldía da cidade da Coruña no marco dos denominados "Pactos do Hostal"[157].

As eleccións municipais garantiron por primeira vez desde a II República a presenza de candidatos nacionalistas nas institucións.

---

154 Entre os candidatos electos por UG que formaban parte do PGP estaban: no Concello de Monforte, Antom Arias Curto; en Santiago, Paco Torrente, e en Vilaboa, Xosé Patricio Recamán, os tres presentáronse como independendentes nas listas de UG.

155 A Agrupación eleitoral Galicia Ceibe obtén 1.908 votos.

156 Os resultados deste proceso electoral poden consultarse na táboa 3 do Apéndice I.

157 Estes "Pactos" foron asinados, a mediados de abril, por PCG, UG, PSOE e BNPG coa finalidade de apoiar a lista máis votada nun total de 33 concellos, ademais de dar o apoio en tres concellos ás Agrupacións electorais de Independentes (Márquez, 1993).

3.2.6. O congreso da UPG e o plenario da AN-PG. O partido e a frente

Celebradas as dúas convocatorias electorais, iníciase un novo período congresual que se inaugura co II Congreso da UPG os días 12, 13 e 14 de outubro na Coruña, e continúa co IV Plenario da AN-PG celebrado o 8 e 9 de decembro na mesma cidade.

O II Congreso da Unión do Povo Galego[158], que presentaba como novidade un novo secretario xeral, Pedro Luaces, que asumira o cargo en xullo de 1978 ante a dimisión de Elvira Souto, iníciase coa tarefa prioritaria de "afortalar a base organizativa, tanto do propio Partido como do movimento patriótico, pra responder ao reto das esixencias políticas actuais." O fortalecemento da AN-PG vai ser considerado como a "...premisa indispensable para conquerir os obxectivos estratéxicos da revolución nacional-popular"[159]. Este obxectivo parte da necesidade de adaptación imposta polo novo contexto político e non debe minar os fins para os que foi constituída. Neste Congreso resáltase a presenza do BNPG nas institucións estatais, interpretadas como plataformas para a loita pola soberanía nacional. A UPG reafirmase na defensa das Bases Constitucionais frente ao que chaman "fraude autonómica", remarcando a clásica dialéctica nacionalismo-españolismo. A pesar do subliñado, van presentar o BNPG como a alternativa que defenderá a autodeterminación do pobo galego "dentro do marco autonómico que o sistema se dispón a establecer en Galicia", feito que non supón aceptar o marco institucional pero si unha certa adaptación ao mesmo co obxectivo expreso de non ser grupusculizados[160]. A táctica aprobada en materia de alianzas nega

---

158 As ponencias elaboradas para a súa discusión no congreso son aprobadas polo Comité Central da UPG nunha xuntanza celebrada o 13 de xuño. A ponencia titulada "O Frente Patriótico", subliña a necesidade de seguir fortalecendo a AN-PG, un traballo no que se destaca o papel do partido comunista patriótico como director, insistindo paradoxalmente no seu carácter apartidario, que se basearía na presenza de militantes sen ningunha vinculación formal coa UPG (independentes).

159 *Terra e Tempo*, nº 68, setembro 1979, p. 8.

160 "Informe do Comité Central presentado polo secretario xeral", II Congreso da UPG, pp. 11-44.

toda posibilidade de colaborar con aquelas forzas que defendan estratexias tendentes ao mantemento de Galiza na súa dependencia colonial[161].

Os principios expostos pola UPG van ser retomados en decembro, no IV Plenario da AN-PG. Esta organización, entendida como "a unión práctica, non teórica, das clases populares galegas baixo un programa anticolonial", sufrira unha profunda reestruturación organizativa iniciada en maio de 1979 como consecuencia da representación institucional conseguida (precisábase coordinar a actuación dos representantes en cada concello), así como pola importante ampliación da militancia[162]. Esta reordenación parte da creación de novos grupos asemblearios de carácter local[163] (en consonancia co incremento da militancia) que provocan a ampliación do número de membros nas direccións de zona (en representación de cada un dos novos grupos constituídos), e unha reforma da Dirección Nacional, na que tamén se amplía o número de membros coa intención de representar o incremento das estruturas locais[164]. Nos anos 1978 e 1979 a AN-PG experimenta a maior expansión organizativa desde a súa creación, chegando a superar a cifra dos 2.000 afiliados.

As ponencias presentadas no Plenario foran aprobadas pola Dirección Nacional en outubro, destacando a referente a política municipal, na que se subliña a necesidade de deseñar novos métodos de traballo coa finalidade de coordinar e homoxeneizar o papel desempeñado polos representantes do BNPG nas institucións locais; outras das ponencias aprobadas refliten temas moi específicos como os relacionados coa política social

---

161 "A consolidación da UPG", *Terra e Tempo*, nº 70, novembro 1979, p. 8.

162 "Reestructuración: tarefa urxente e importante", *Ceibe*, nº 28, xuño 1979, p. 3; e nº 29, xullo 1979, p. 7. En canto á ampliación da militancia é de subliñar o papel desempeñado polas Comisións Labregas sobre todo naquelas zonas de Lugo e Ourense onde tiñan unha presencia importante.

163 Desde a segunda metade de 1978 iníciase un importante proceso de constitución de novos grupos asemblearios, un feito que posibilitará a presentación de candidaturas nun número considerábel de concellos nas eleccións locais.

164 A Dirección Nacional quedaría composta polos integrantes da Secretaría Política, por tres representantes de cada zona e por un responsábel de política municipal por cada unha das zonas (principal novidade).

e cos dereitos de participación dos cidadáns. No Plenario discútense as posíbeis ampliacións aos estatutos, directamente relacionadas coa reestruturación organizativa levada a cabo entre maio e xullo, coa finalidade de mellorar o funcionamento da mesma.

Tanto o Congreso da UPG como o Plenario da AN-PG teñen unha significación especial para o nacionalismo popular, xa que, por un lado, se reafirman na liña política rupturista seguida até ese momento expresada na defensa das Bases Constitucionais, e, por outro, subliñan a necesidade de reforzar a AN-PG nunha clara perspectiva de futuro.

4. O proceso de constitución do Bloque Nacionalista Galego

Neste capítulo condénsase a parte máis novidosa da investigación, xa que nel atenderemos a todos os pasos que conducen directamente á constitución do BNG, desde a formación da Mesa de Forzas Políticas até a configuración definitiva do que podemos chamar "primeiro BNG". Comprende un período facilmente delimitábel, que vai desde xullo de 1980, momento no que o PSG, a través dun plenario, decide a non fusión co POG decantándose polo achegamento ao BNPG e constituíndo a MFPG, até febreiro de 1983, data na que se celebra o polémico Congreso extraordinario do PSG no que se decide a saída da estrutura orgánica do BNG. Este feito provocará a formación do segundo Colectivo Socialista, conformado polos militantes que seguían apostando polo modelo organizativo do Bloque. O PSG, inmerso nunha crise importante, comezará a negociar con Esquerda Galega co obxectivo de constituír unha nova forza política. Deste achegamento xurdirá en 1984 o PSG-EG. Poderiamos dicir pois, partindo das datas que utilizamos para acoutar este período, que é unha etapa marcada pola evolución do PSG xa que é nestes anos cando se produce a crise definitiva do partido. A primeira etapa crítica estivera protagonizada polos partidarios da fusión co PSOE e rematara coa formación do primeiro Colectivo Socialista e a conseguinte expulsión deste sector do PSG, quedando no partido os "nacionalistas"; na última crise enfrentaranse dúas posturas, nesta ocasión, dentro do sector nacionalista.

Pero tamén é esta unha etapa chea de dificultades para o "nacionalismo radical" (ou popular) que vai entrar nunha fase de tensión entre a *lóxica da representación* e a *lóxica da competición* (H.Kitschelt, 1989), a primeira relacionada coa súa propia razón de ser (identidade), a segunda directamente vinculada ás necesidades de adaptación que impuña un sistema institucional que camiñaba cara á súa consolidación. Esta tensión provocará dúas crises importantes, unha que se pode circunscribir á AN-PG e a outra á UPG, aínda que as dúas afectaron a ambas organizacións. O abandono das Bases Constitucionais (nominalmente pero non as súas formulacións) e a autodisolución da AN-PG serán dous dos principais elementos definidores desta etapa, que vai supoñer o inicio dunha nova fase dentro do nacionalismo galego contemporáneo na que o Bloque Nacionalista Galego vai ir obtendo unha dose importante de protagonismo, sobre todo a partir das eleccións autonómicas de 1989, até o momento no que se erixe como o protagonista exclusivo dentro da escena nacionalista galega.

Neste capítulo analizaremos tamén a constitución da Mesa de Forzas e as súas consecuencias, entre elas a formación da coalición BNPG/PSG de cara ás primeiras eleccións ao Parlamento de Galiza, e a ruptura definitiva da coalición Unidade Galega. Así mesmo, deixaremos constancia do nacemento de Esquerda Galega como unha nova alternativa política impulsada polo POG, nas mesmas datas en que se constitúe a Mesa de Forzas Políticas. Dedicaremos tamén unha parte importante do capítulo a analizar as liñas de actuación que se deseñan en cada un dos congresos e plenarios celebrados no período 1980-83, destacando entre eles o V Plenario da AN-PG no que se decide a autodisolución para dar paso á constitución dunha nova frente na que se aglutine a máis sectores políticos e sociais. Este proceso, aberto a todas as organizacións políticas nacionalistas, así como tamén a grupos e individuos, vai ser dirixido por unha comisión xestora que se encargará da elaboración dun documento que será remitido ás distintas xestoras de zona coa finalidade de ser discutido e presentar emendas ao mesmo. O punto final do proceso poñerao a celebración da Asemblea de Riazor, na que se constitúe a nova organización: o Bloque Nacionalista Galego. Sen saírmos deste esquema protagonizado por un "espírito unitario" non podemos deixar de lado, aínda que só sexa de forma esquemática, o proceso de unificación que se produce no ámbito sindical nacionalista, e que remata coa constitución dunha central máis robusta, a INTERSINDICAL (INTG-CSG).

Para concluír, faremos unha breve referencia ao nacemento de Coalición Galega, na que participará o PG xunto con outros grupos e partidos galegos que xorden como consecuencia da crise que se producirá en UCD. Desta maneira, deixamos constancia da reestruturación que se está producindo nestes anos na escena política galega, cuns protagonistas que serán fundamentais para entendela.

4.1. A MESA DE FORZAS POLÍTICAS GALEGAS OU A "UNIDADE REAL DOS NACIONALISTAS"

O proceso de formación da Mesa de Forzas Políticas Galegas xorde como resultado dun conxunto de reunións, convocadas polo PSG (na liña aprobada no seu II Congreso de achegamento ás restantes forzas nacionalistas), entre as forzas integrantes do BNPG e as da coalición Unidade Galega, nos meses de xuño e xullo de 1980, coa finalidade de crear unha mesa consultiva na que se analice a situación política do momento e se decida unha liña de acción conxunta. Na primeira reunión falouse da posibilidade de celebrar actos conxuntos o día 25 de xullo. O Partido Galeguista desmárcase nesta primeira xuntanza aducindo que o seu obxectivo era seguir traballando pola consolidación dun partido nacionalista moderado de dereitas, polo que non tiña sentido a súa presenza nas xuntanzas. As restantes forzas seguen negociando, en sucesivas reunións, sobre os temas que consideran máis candentes. Finalmente, redáctase un documento polo que se constituía a Mesa de Forzas, que é subscrito oficialmente o día 11 de xullo de 1980, pola AN-PG, o PSG e a UPG, quedando o POG descolgado no último encontro pola súa negativa a asinar o acordo aducindo como principal argumento a postura adoptada ante a cuestión autonómica[165].

Na Declaración constituínte defínese a Mesa como unha plataforma política común, necesaria para a unidade de acción do nacionalismo coa finalidade de "dotar a Galícia de

---

165 "A Mesa de Forzas Políticas Galegas", *Ceibe*, nº 40, setembro 1980, p. 3. "A constitución da «Mesa de Forzas Políticas Galegas» e a situación política do país", *Terra e Tempo*, nº 77, agosto-setembro 1980. "Exame de conciencia nacionalista", *Man Común*, nº 2, setembro 1980.

forzas políticas próprias que hexemonicen a vida política galega e a urxéncia de reforzar e acelerar a función do nacionalismo galego como motor da loita pola liberación nacional e social do noso pobo". O documento tamén contiña o posicionamento das forzas que o subscribían ante a que chaman "democracia burguesa recortada", ante a "Constitución da reforma" que nega a existencia doutra nación que non sexa a española, ante "o proceso de introdución do Mercado Común" e as súas consecuencias para os sectores produtivos galegos e ante a entrada na OTAN que "atenta abertamente contra os nosos desexos de neutralidade e soberanía nacional". Dedican outro parágrafo a analizar o proceso autonómico, que supón "o reconocimento inevitábel da existéncia dunha realidade plurinacional no seo do Estado Español, que só a loita das forzas nacionalistas forzou", pero que realmente para eles estaba sendo utilizado para unha rexionalización do Estado. Manifestan a súa disposición a seguir actuando no criticado marco autonómico, aínda que tendo sempre presentes os seus obxectivos estratéxicos. O documento constituínte conclúe coa enumeración dos seis obxectivos da Mesa, e que constitúen a súa verdadeira razón de ser:

"1.– A elaboración conxunta de estudos e análises da situación sócio-política galega.

2.– Reforzar a unidade das forzas políticas galegas, que teñan un programa e unha práctica ao servício dos intereses populares galegos, esto é, de loita contra dos monopolios.

3.– A oposición ás medidas anti-populares e a toda agresión aos intereses nacionais de Galícia, establecendo acordos tácticos de actuación.

4.– A coordinación da loita a todos os niveis, desde o institucional ao sindical para conseguir unha correlación de forzas favorábel á superación do contexto constitucional español e, xa que logo, á superación do marco autonómico.

5.– Coincidindo no obxectivo de consecución da soberanía nacional, perfilaremos e afondaremos nas coincidencias que houber de carácter estratéxico.

6.– Calquer outro tipo de iniciativa tendente á clarificación do panorama político galego.[166]"

Os obxectivos catro e cinco terán unha importancia decisiva xa que, por un lado, camiñaríase de cara á unificación sindical (que rematará co nacemento da INTG despois da fusión da ING e da CTG), e por outro lado, seguiríase traballando na idea de confluír nunha nova organización (primeiro paso para a apertura do proceso que concluirá no BNG). Neste sentido, para o Partido Socialista Galego a Mesa constituía un "...xermolo de frente nacionalista", e para a UPG conformábase como a "unidade real dos nacionalistas" (recordemos que o PSG definira a coalición UG como a "unidade posible dos nacionalistas").

As declaracións sobre a constitución da Mesa non se demoraron, o PG, que no mesmo día en que se publicaba o texto na prensa, interpretaba o acordo asinado polo BNPG e o PSG como a "...ruptura implícita da Coalición Unidade Galega", desmárcase tanto da Mesa como do PSG[167]. Tres días despois saía publicado un artigo en *La Voz de Galicia* titulado "El suicidio del «PSG» " asinado polo *Colectivo Ultreya* (nome dun "grupo" antinacionalista) no que se interpretaba a asinatura da Declaración da Mesa como a morte definitiva do PSG polo seu achegamento á UPG[168].

A Mesa configurábase como unha plataforma de actuación, nun plano de igualdade, para as forzas nacionalistas, non implicando por si mesma ningún tipo de unidade orgánica. De feito, as convocatorias para a celebración de xuntanzas poderían facelas calquera das tres forzas que a integraban (AN-PG, PSG e UPG).

O nacemento da Mesa supón a volta da UPG e do PSG ao traballo conxunto despois de catro anos de enfrentamentos. Os dous partidos históricos volvían establecer un contacto que

---

166 "Declaración da Constitución da «Mesa de Forzas Políticas Galegas» ", *Ceibe*, nº 40, p. 9.
167 *La Voz de Galicia*, 12-07-1980, p. 40. Nesta páxina atópase un extracto do documento constitutivo da Mesa, as declaracións do Partido Galeguista sobre Unidade Galega e a súa presencia na mesma, así como a súa decisión de celebrar en solitario o "Día da Patria" en O Milladoiro (Ames).
168 *La Voz de Galicia*, 15-07-1980, p. 41.

pretendía ter perspectiva de futuro (a xulgar polos termos da Declaración constituínte).

Os problemas no PSG volvían agromar como consecuencia da decisión de non fusionarse co POG e da posterior constitución da Mesa. Un grupo de militantes, cifrado arredor duns cincuenta[169], entre os que se atopaban membros fundadores como Valentín Arias e Mario Orxales, abandonan o partido. Estas saídas poñían de manifesto que unha parte importante da militancia do PSG mantiña uns postulados máis próximos ao POG que á UPG. A nova fenda aberta no seo do PSG non se cerra con estes episodios senón que continuará viva e acabará sendo o principal motivo para a convocatoria, en febreiro de 1983, dun Congreso extraordinario.

As primeiras accións da Mesa de Forzas Políticas Galegas irán dirixidas á inminente celebración do "Día da Patria Galega", que será considerado pola AN-PG como o primeiro compromiso práctico co PSG. No marco do establecido na Declaración Constituínte iníciase unha campaña contra o Estatuto de Autonomía, que será sometido a referendo o 21 de decembro de 1980, despois dun polémico proceso, marcado por unha sucesión de despropósitos motivados por incluír unha disposición transitoria que limitaba considerablemente as competencias da autonomía[170]. En relación a este tema, a MFPG, fai público un comunicado, asinado o 19 de setembro[171], no que explica a oposición ao proceso estatutario e ao seu resultado, defendendo, en consecuencia, o voto negativo ao "Estatuto da UCD". A campaña do referendo estatutario comeza o 5 de decembro, e nela, ao igual que sucedera coa Constitución, defendéronse todas as posturas posíbeis. O voto en contra tamén sería solicitado polo MCG, a Liga Comunista Revolucionaria (LCR) e o Partido Socialista dos Traballadores (PST). Os resul-

---

169 Manolo Rivas: "Crise en Unidade Galega, rebumbio na esquerda", *Man Común*, nº 1, agosto 1980.

170 Sobre o proceso de elaboración do Estatuto resulta moi ilustrativo o libro de Gaciño e Rivas (1980).

171 "Comunicado da MFPG", *Ceibe*, nº 41, outubro 1980, p. 9.

tados do referendo serán avaliados pola Mesa partindo dos votos negativos (20% dos emitidos)[172], cualificándoos como un éxito para a alternativa nacionalista e unha derrota para a autonomía, sustentada nas elevadas cifras de abstención (71% do censo) que provocan o fracaso da campaña de participación promovida pola UCD e o PSOE ante o que definen como un "proceso fraudulento e antigalego"[173].

Se avaliamos a opción dos nacionalistas en perspectiva temporal, aínda sendo consecuentes cos seus principios ideolóxicos, vemos que se atopaba moi afastada da realidade xa que atendendo ás opcións realmente posíbeis, a vía autonómica, sobre todo polo seu carácter aberto (ou non limitado a priori), era a única que lles podería garantir o acceso ás institucións. E de feito así foi.

Outra das grandes liñas de traballo contida na Declaración da Mesa era a perentoria necesidade de colaborar para conseguir a unidade de acción no plano sindical. Con este obxectivo celébrase o 3 de outubro de 1980, un Congreso conxunto da Intersindical Nacional Galega (ING) e da Confederación Galega de Traballadores (CTG) no que se formaliza a unificación das dúas centrais[174], mantendo inicialmente a denominación ING-CTG[175]. En febreiro de 1981, celebrarase o primeiro congreso adoptando o nome de Intersindical Nacional de Traballadores Galegos (INTG)[176]. Quedará inicialmente fóra da INTG a Confederación Sindical Galega (CSG), que proviña dunha escisión na Unión Sindical Obrera (USO), e na que predominaban cadros vinculados ao PSG fundamentalmente, ao POG e ao PGP. Despois dunha etapa de colaboración coa INTG, a unifi-

---

172 Os resultados do referendo do Estatuto inclúense na táboa 3 do Apéndice II.
173 "21 de decembro, claro avance do nacionalismo galego", *Ceibe*, nº 43, Xaneiro 1981, pp. 6-7.
174 Organización sindical que procedía dunha escisión da Central Sindical Unitaria de Trabajadores (CSUT).
175 Nomeábase un Secretariado Nacional provisorio composto por catro membros da CTG (Xosé Luís Muruzábal, Manolo Martínez, Luís Burgos e X. Freire) e sete da ING (Xesús Seixo, Lois Rios, Manuel Mera, Francisco García Montes, Xosé Manuel Díaz, Antón Sánchez e Fernando Acuña). O cargo de secretario xeral, con carácter provisional, ocuparíao Francisco García Montes.
176 Nas eleccións sindicais de 1980 a INTG acadará o 17,49% dos delegados (Beramendi e Núñez, 1996).

cación coa CSG prodúcese en setembro de 1982, constituíndo a Intersindical (INTG-CSG).

4.2. A *coalición electoral* BNPG/PSG *e as eleccións ao* Parlamento de Galiza

O 30 de xuño de 1981, preséntase publicamente o "Compromiso de formación de coalición electoral para concurrir ás eleicións ao Parlamento Galego", conformada polas forzas que compoñen o BNPG e o PSG. Esta coalición vai ser a expresión dos acordos adoptados na Mesa de Forzas Políticas, e inscríbese no marco da unidade de acción do nacionalismo, previsto na súa Declaración constituínte.

Na presentación subliñase o seguinte: "sen renunciar aos obxectivos estratéxicos as forzas nacionalistas actuaremos e participaremos no marco autonómico cunha táctica alternativa que o supere cualitativamente, de tal maneira que serva para reforzar a consecución dos nosos obxectivos de soberanía nacional sen quedar anulados ou illados na nosa actuación política, contribuindo a que medre a conciéncia nacional do pobo galego, utilizando axeitadamente un marco e unha estructura institucional coincidente formalmente co noso ámeto nacional". A coalición presenta publicamente as súas listas e o seu programa electoral en setembro de 1981.

A coalición BNPG/PSG non foi a única novidade no panorama político galego. En maio de 1981, desaparece o POG e celébrase a Asemblea fundacional de Esquerda Galega (EG), inscrita no Rexistro de Asociacións Políticas en xuño de 1980, nunha estratexia de cálculo posibilista ante os acontecementos que se estaban producindo nestes anos[177]. Este novo partido, que xurdira inicialmente como un proxecto do que formarían parte o PSG e o POG, (aínda que tamén había unha proposta do PCG para formar un partido que integrara as tres forzas), celebrará o seu I Congreso en xuño de 1982, onde se declara

---

177 *La Voz de Galicia*, 15-07-1980, p. 40. A creación de Esquerda Galega tiña entre os seus obxectivos a integración dos militantes do POG e dos simpatizantes que asinaran o documento presentado no Rexistro de Asociacións Políticas en xuño de 1980.

como unha forza política representativa da "nova esquerda nacionalista", situándose a medio camiño entre o "centrodereitismo" do PG e o "populismo nacionalista" do BNPG.

O 17 de outubro de 1981, celébranse as eleccións ao Parlamento de Galiza, e nelas participan: o BNPG/PSG, EG, o PG, e Galicia Ceibe (o seu obxectivo prioritario era o acceso aos espazos de propaganda gratuítos, retirando finalmente as súas candidaturas). Os resultados electorais non responderán ás expectativas anunciadas en xuño no semanario *A Nosa Terra*[178], baseadas en datos procedentes de enquisas que outorgaban unha intención de voto á coalición BNPG/PSG superior á do PSOE. As forzas nacionalistas obterán 4 escanos dun total de 71; 3 para a coalición (61.870 votos) e 1 para Esquerda Galega (33.497), quedando o PG ás portas de obter representación con 32.623 sufraxios. O voto total ás alternativas nacionalistas situarase no 13% dos sufraxios emitidos, cifra moi próxima, en termos porcentuais, á acadada nas municipais de 1979[179].

O primeiro Parlamento de Galiza constituirase nunha sesión plenaria celebrada o 19 de decembro de 1981[180]. Os tres deputados electos pola coalición, Bautista Álvarez pola Coruña, Claudio López Garrido por Pontevedra e Lois Diéguez por Lugo, protagonizarán un polémico proceso na cámara, que rematará o 23 de novembro de 1982 cunha votación plenaria na que se lles retiran os dereitos de iniciativa parlamentaria, manténdolles só o dereito a voto (o que, na práctica, será interpretado como a súa expulsión). O episodio comeza coa negativa dos tres deputados a xurar a Constitución e o Estatuto na sesión plenaria celebrada o 14 de xullo de 1982[181], alegando a inexistencia dun regulamento da cámara. Ante este rexeitamento, deciden darlles un ultimato de dúas sesións plenarias para

---

178 *A Nosa Terra*, nº 158.
179 Os resultados destas eleccións inclúense na táboa 4 do Apéndice I.
180 Sobre o proceso de constitución do Parlamento pódese consultar o libro de Carlos L. Rodríguez (1981).
181 A resposta dos tres deputados no momento en que se lles esixe o xuramento foi: "Non xuro nen prometo, porque son demócrata e defendo a soberanía nacional de Galicia".

que xurasen, "se así o desexaban". As forzas da coalición responden cunha campaña de apoio aos tres deputados, con importantes manifestacións como a celebrada o 16 de decembro de 1982 en Santiago. A decisión plenaria provoca que no Parlamento de Galiza permaneza un só deputado nacionalista, Camilo Nogueira Román, representante de Esquerda Galega elixido pola provincia de Pontevedra.

4.3. UN ANO DE CONGRESOS: 1982. A NECESIDADE DUNHA ALTERNATIVA UNITARIA DO NACIONALISMO

Os acontecementos que se producen a principios de 1981 desatan unha grave crise no seo do nacionalismo popular que afectará a todas as organizacións do denominado Movemento Nacional-Popular Galego. Esta crise adoita ser desdobrada en dúas por suceder en períodos de tempo distintos e tamén por afectar de forma diferente á AN-PG, á UPG e ás organizacións que integraban o "Movemento" (como é o caso de ERGA). Realmente, segundo a información que se fai pública, ábrense varias frentes conflitivas, unha delas comeza no interior da AN-PG en marzo de 1981 a través das críticas dirixidas á Dirección Nacional sen utilizar as canles internas de debate. Esta crise verase agravada en outubro coa dimisión dun grupo importante de concelleiros do Bloque Nacional Popular Galego entre os que se atopaban Manuela Fraguela (pertencente á Dirección Nacional), Xulio Rodríguez, Teresa Conde-Pumpido, etc. A AN-PG non se pronunciará sobre esta crise até que se produzan as dimisións e as expulsións dos membros da denominada "fracción"[182] (a pesar de que a maioría das saídas son a título individual sen chegar a constituír un grupo). A loita polo control das zonas parece ser unha das principais causas, pero tamén consecuencia, desta crise. Outra frente ábrese no terreo sindical, no seo da INTG fundamentalmente, e está protagonizada por un grupo encabezado por Francisco García Montes, secretario xeral do sindicato e membro do Secretariado Político da UPG,

---

182 "O conflicto interno na nosa organización", *Ceibe*, nº 50, decembro 1981-xaneiro 1982, pp. 8-9.

que se mostraba partidario de profesionalizar as forzas integrantes do BNPG, concretamente de organizar unha central sindical máis profesionalizada e independente do partido. Estas crises provocarán a expulsión de cinco membros do Comité Central da UPG. Os argumentos esgrimidos por este órgano para xustificar o sucedido baséanse na necesidade de evitar a tendencia burocrática das organizacións. A dimisión do secretario xeral da UPG, Pedro Luaces, e a súa substitución por Francisco Rodríguez con carácter provisional até que fose ratificado polo Congreso do partido, abre a terceira frente crítica. Luaces presenta a súa dimisión como secretario xeral ante o Comité Central nunha reunión celebrada o 5 de xullo de 1981, ante as discrepancias políticas que se producen no Comité Central desde os primeiros meses de 1980. O secretario xeral da UPG posicionábase a favor da creación dun amplo partido marxista no que se integraría o partido, a AN-PG e o PSG, reformulando o esquema frentista defendido até ese intre[183]. Luaces non vai abandonar a organización até despois da celebración do III Congreso. O conflito, como logo veremos, desembocará na expulsión doutros cinco membros do Comité Central. Esta situación crítica estenderase a outras organizacións como é o caso de ERGA, orixinando a perda dun número importante de militantes sobre todo na zona de Santiago[184].

---

183 Nun artigo publicado en *A Nosa Terra*, en febreiro de 1982, titulado "O avance do nacionalismo galego: ¿cómo? Unha proposta para un debate necesario", asinado por P. Luaces, M. Castiñeira, García Mel, Xosé M. Díaz e Xosé Ramos, entre outros (o "Grupo de Lugo"), condénsase, por un lado, a crítica deste grupo a respecto da postura da UPG de construír unha frente patriótica ante o fracaso do proxecto interclasista cun partido como dirixente, negando o punto de partida "terceiromundista", e, por outro lado, partindo do contexto "eivado" no que se ten que actuar de forma ineludíbel, realízase a proposta de creación dun partido "capaz de reagrupar a todas as forzas nacionalistas e progresistas, marxista non dogmático, nacionalista e revolucionário, que defenda e loite pola consecución do socialismo, democrático, na súa construcción e funcionamento e de masas." A vía a seguír para levar a cabo estes obxectivos, que fora proposta no Congreso da UPG, é a de converxer coa AN-PG e o PSG e iniciar contactos con Esquerda Galega para lograr unha unidade de actuación política, social e institucional. En: *A Nosa Terra*, nº 175, p. 14. No nº 177 (p. 14) atopamos unha contestación directa a esta proposta defendendo nela a necesidade da "reconstrucción real e sincera do Frente Patriótico" por ter maior amplitude e flexibilidade que o partido.
184 *La Voz de Galicia*, 1-11-1981, p. 40.

Estas crises tiveron un impacto importante nas organizacións do Movemento Nacional Popular e provocaron a perda de moitos cadros que até aquel momento desempeñaran un traballo esencial. Este período convulso respondía á "desorientación de cómo seguir, ver que pouco a pouco iamos perdendo o terreo que gañaramos nos primeiros momentos da transición, e non había claridade de cómo actuar no marco autonómico" (Leira, 2000:172). Para o daquela secretario xeral da UPG, Francisco Rodríguez, esta situación "estivo provocada por unha actitude de comodidade e relaxamento ante a hostilidade dos tempos que estamos a correr, pola paralización da nosa política na necesaria contundéncia e homologación", dividindo as condutas expresadas en dous tipos: unhas antidemocráticas e antipartido, as outras tendentes ao "posibilismo electoral"[185].

O Comité Central da UPG, respondendo ao previsto no artigo 24 dos seus Estatutos, convoca a principios de outubro de 1981 o seu III Congreso, que se vai celebrar finalmente os días 8, 9 e 10 de xaneiro de 1982 en Santiago. Será este un Congreso con todas as características para consideralo "extraordinario" (ou polo menos crítico en canto que inflúe de forma determinante na evolución da organización): por primeira vez nun congreso da UPG preséntanse tres ponencias alternativas, como expresión do "fraccionalismo ideolóxico" existente na organización; as votacións teñen carácter secreto, e non se fan pola vía habitual, a man alzada; pola renovación do 50% dos postos do Comité Central, composto por 40 membros e pola formulación dunha nova liña ante unha situación política diferente que vai marcar como obxectivo o fortalecemento dunha "ampla" frente patriótica. A ponencia vencedora foi a presentada polo secretario xeral, Francisco Rodríguez[186]. A unidade do nacionalismo, expresada tanto no plano político como no sindical, será unha das notas dominantes neste Congreso. No plano político, e en relación coa reformulación da frente patrióti-

---

185 "Informe do Comité Central presentado polo Secretario Xeral", III Congreso da UPG, pp. 17-18.
186 *A Nosa Terra*, nº 172, p. 5.

ca, considerada como o punto de confluencia de todos os nacionalistas, insístese en que "a necesária política de unidade do nacionalismo estamos seguros de que tamén consiste na atración de coleitivos, persoas non organizadas, seguidoras do que representamos o BLOQUE (BNPG)-PSG e dispostas a potenciar unha saída frentista, hoxe vital, desde a sua independéncia pero tamén desde a sua consideración do marco legal español como fraudulento e agresivo para os intereses de Galicia"[187]. Con este obxectivo reformulador, nunha perspectiva de carácter estratéxico, establécense unha serie de criterios sobre os que debe asentarse:

"a) Conseguir que o Frente abranga a *amplitude maior posíbel*.

b) Recoñecer formalmente a *existéncia organizativa e ideolóxico-política das diversas tendéncias* que o integran.

c) Apoio ao seu *funcionamento democrático* dentro do pleno respeto aos principios ideolóxico-políticos que o definen.

d) Defensa dun *programa de soberanía nacional* na liña das Bases Constitucionais da nación galega, que hoxe serve de unión ás forzas políticas que forman o BNPG." (cursiva engadida)

Esta disposición á unidade de acción dentro do nacionalismo galego completarase cunha política de alianzas de carácter conxuntural dirixida "ós partidos da esquerda española non reformista, e con partidos formalmente galegos"[188]. A UPG, obxectivo constante das acusacións de sectarismo e de dirixismo, mostrábase partidaria da reformulación da "súa" frente e volvía insistir na necesidade de acadar acordos tácticos con forzas non nacionalistas ("esquerda española" e "partidos formalmente galegos"). Os cambios na liña política da UPG comezaban a ser evidentes.

Entre os convidados ao III Congreso destaca Claudio López Garrido en representación do PSG, sendo esta a primeira ocasión na que unha delegación do partido asistía a un congreso da UPG.

---

187 *Informe do Comité...* , p. 18.
188 "Teses partidárias sobre a situación política e as consecuéncias para a nosa liña de actuación", III Congreso UPG, p. 26.

Atopámonos, pois, co primeiro chamamento oficial á reformulación da idea da frente patriótica, até este momento "personalizada" na AN-PG, realizado polo partido que a potenciara. Neste contexto celébrase o I Congreso da INTG os días 23 e 24 de xaneiro, consolidando a liña aberta cos traballos de colaboración establecidos no marco da Mesa de Forzas Políticas Galegas que tiñan como obxectivo a construción dunha Central sindical galega forte.

Ante a liña aprobada no Congreso da UPG, o PSG decide convocar o seu, dividíndoo en dúas partes, a primeira celebraríase en Lugo os días 19, 20 e 21 de marzo, e a segunda tería lugar en Santiago os días 17 e 18 de abril. Nas primeiras sesións prodúcese unha nova reestruturación da Secretaría Colexiada, destacando a ausencia de Claudio López Garrido pola súa condición de deputado, e entrando dous novos secretarios: Francisco Trigo (na Secretaría de Organización en substitución de X. A. Xardón) e Silo Castro (na Secretaría de Acción Sindical substituíndo a Lois Calvo Teixo). Nesta primeira parte apróbase "...un chamamento a todos os nacionalistas para a participación no proceso constituinte dunha alternativa nacionalista asamblearia, autoorganizada e plenamente democrática e na que se respeten as distintas opinións que se poideran ter con respecto ao exercicio da plena soberanía nacional da nosa Pátria.", pero tamén unha serie de criterios que deben rexer a nova "plataforma", que sería de adscrición individual e estaría baseada nuns puntos mínimos que partirían da defensa da identidade nacional, do apoio ás forzas políticas e sindicais propias, e do rexeitamento do Mercado Común e da OTAN. Na segunda parte do Congreso trátase de forma específica a unidade do nacionalismo, partindo da valoración positiva da etapa da Mesa de Forzas Políticas. Esta proposta obtén o apoio maioritario dos asistentes. É de subliñar, sobre todo para entender as aparentes contradicións que xorden ao pouco tempo da constitución do BNG, que na ponencia sobre a nova frente se insistía na necesidade de respectar a pluralidade ideolóxica, organizada ou non, rexeitando o modelo das frentes de liberación nacional "terceiromundistas". No marco da unidade do nacionalismo tamén debemos destacar a importancia que se lle concede no Congreso á unidade sindical expresada na confluencia entre a INTG e a CSG[189].

O PSG e a UPG camiñaban claramente en dirección á confluencia en torno a un conxunto de principios mínimos que, dous anos antes e sobre todo no tocante á UPG, era inimaxinábel; sucedía algo parecido ao que acontecera en 1976 coa constitución do CFPG, salvando as distancias en canto ao contexto e ao resultado final do proceso. Tiñan unha plataforma común, a Mesa; un programa común, o da coalición; e un obxectivo común, o de constituír unha frente nacionalista de carácter asembleario. Aínda que ao longo deste proceso a aproximación do PSG cara aos postulados da UPG é bastante clara, tamén é evidente que a UPG comeza a falar dunha unión que nos lembra, na súa esencia, a proposta feita polo PSG en 1976 despois da ruptura do Consello de Forzas Políticas.

O V Plenario da AN-PG, celebrado en Santiago os días 3 e 4 de abril de 1982, será o encargado de despexar as dúbidas sobre cómo e cándo comezar o proceso. A Asemblea sufrira, como vimos, unha forte crise interna en 1981, agravada a finais de marzo co abandono de dous cadros importantes da organización, Xosé Ramos Rodríguez (tenente de alcalde no concello de Cervo) e Manuel Castiñeira (concelleiro en Lugo) ambos os dous pertencentes á Dirección Nacional da AN-PG, e perto de cincuenta militantes[190] que integrarían o denominado "Grupo de Lugo" xunto con Pedro Luaces e Manuel García Mel. Este "grupo" constituirá unha clara fracción ideolóxica (moi común nos partidos "programáticos" de esquerda; Vilas, 1995:60-65) discrepante coa táctica adoptada pola dirección do partido, a diferenza da primeira crise que xorde dunha crítica de cara ao funcionamento interno das organizacións. Culminábase así unha complexa etapa no seo da AN-PG en particular, e do nacionalismo popular en xeral. A consecuencia máis inmediata

---

189 Sobre as primeiras sesións do Congreso: *La Voz de Galicia*, 23-03-1982, p. 51. Tamén *A Nosa Terra*, nº 192, p. 7. Polo que respecta ao resumo das dúas fases pódese consultar o *Galicia Socialista*, 4ª xeira, maio 1982.

190 *A Nosa Terra*, nº 183-184, p. 7.

de todos estes sucesos foi a necesidade de reformular a organización (tese) coa finalidade de corrixir os "erros pasados". A idea que se manexaba, a modo de premisa, era o estancamento da AN-PG (antítese) desde 1980. A síntese será a apertura dun proceso constituínte que desembocará no nacemento do Bloque Nacionalista Galego.

A etapa pre-Plenario comeza formalmente a partir da celebración do Congreso da UPG. A Dirección Nacional inicia os traballos de redacción das ponencias co obxectivo de ser enviadas posteriormente aos grupos asemblearios e aos plenarios de zona. Tres van ser as ponencias presentadas, dúas contrapostas e unha terceira dirixida a complementar a primeira. Unha delas parte da maioría da Dirección (a "oficial") e a outra é presentada polo "grupo" de Ramos e Castiñeira. Na primeira defendíase a creación dunha frente patriótica na liña marcada pola UPG no seu III Congreso; na segunda insistíase na necesidade de confluír nun partido situado na órbita do eurocomunismo, reformulando a postura ante as institucións nunha liña máis moderada para conquerir o autogoberno sen que isto implicase a lexitimación do sistema, en consonancia coa ponencia presentada por Luaces e García Mel no Congreso da UPG[191]. A vencedora é a "oficial", pero non por falta de apoios da segunda, senón porque os promotores da mesma non asisten ao Plenario para defendela, o que provoca o seu rexeitamento. A terceira ponencia foi presentada polo Plenario de Zona de Madrid, e nela, en liñas xerais, ampliábanse os principios políticos para a constitución da nova frente na dirección marcada pola ponencia "oficial"[192].

A necesidade de reformular a "Frente Patriótica" será a consigna da ponencia aprobada por unha ampla maioría dos militantes asistentes ao Plenario (sobre 320 asistentes, dos que 250 votaron á favor da mesma). O texto fundaméntase na análise da situación política e conclúe coa necesidade de reformular a AN-PG, destacando a unidade de acción levada a cabo polo PSG e as forzas do BNPG como o exemplo a seguir.

---

191 Ver nota ao pé número 183.
192 *A Nosa Terra*, nº 183-184, p. 7.

Entre as conclusións extraídas do V Plenario Nacional deben ser destacadas as seguintes: a) a inadecuación dos cambios producidos no IV Plenario para afrontar a nova situación política; b) a necesidade de que a frente patriótica da que falan a UPG e o PSG sexa "toda aberta, flexíbel e democrática que permitan os principios do nacionalismo popular"; c) o Plenario non supón a apertura dunha fase que rompa co pasado senón que representa a análise dos erros cometidos e dos acertos que se conseguiron, polo que insisten en que a nova frente será a reformulación da AN-PG; d) en consonancia co anterior, a AN-PG non vai desaparecer totalmente senón que aportará "os seus acertos", "a súa historia" e, fundamentalmente, a súa infraestrutura; e) "A AN-PG [...] chama a Partidos, Colectivos e persoas que estean interesados na loita pola soberanía· nacional de Galicia, para que[f)] nunha segunda fase participemos todos na articulación definitiva do Proxecto organizativo que una ao nacionalismo"[193]. En conclusión, desde a AN-PG faise un chamamento á reformulación do modelo de frente que representaba nunha perspectiva de carácter continuísta, insistindo na necesidade de evitar as carencias unitarias amosadas pola mesma.

Na ponencia presentada polo portavoz nacional, Lois Diéguez, inclúense un conxunto de principios políticos, organizativos e programáticos, con carácter xeral, dirixidos á forma que debería adoptar a nova organización. Os *Principios Políticos* son: a autodeterminación, o autogoberno, a democracia, o antiimperialismo, os intereses populares contra os monopolios, autoorganización, e a superación do marco autonómico no camiño da soberanía nacional para posteriormente, participar nun pacto federal en pé de igualdade coas demais nacións do Estado-federación que se encargaría de lexislar sobre as competencias que lle foran transferidas por cada unha das nacións (nun marco moi parecido ao establecido nas Bases Constitucionais). Polo que respecta aos *Principios Programáticos,* estabécese un proxecto de medidas económicas para un programa de goberno galego, e un programa de política educativa e

---

193 "Conclusións do V Plenario Nacional da AN-PG", *Ceibe*, nº 50, p. 3.

cultural. En canto aos *Principios Organizativos,* defínense os principais órganos cos que debería contar a nova frente: un Consello Nacional, que tería unha periodicidade trimestral e estaría composto por 1 membro por comarca e por representantes dos partidos, das organizacións de masas ou colectivos con peso nacional, e persoas significativas que elixiría a Asemblea Nacional, atribuíndolle como principais funcións as de dirixir a organización nos períodos interasemblearios e a da concreción das liñas xerais aprobadas na Asemblea; os consellos comarcais, cunha composición e funcionamento inspirado na mesma lóxica que o nacional pero a nivel comarcal; grupos organizativos a "nivel de base", que estarían vinculados ao funcionamento dos partidos, organizacións e grupos de base que serían utilizados pola frente, con carácter eventual, para responder ás necesidades da práctica política concreta; unha Asemblea Nacional, cunha periodicidade bianual sería a encargada de marcar a estratexia da organización; e as asembleas comarcais (con carácter trimestral). Respecto ao funcionamento sublíñase que os acordos adoptados nos consellos deben rexerse pola regra da maioría, garantindo "a discrepancia pública pero non a práctica en contra" da liña aprobada. Culminan o deseño organizativo cunha Comisión de conflictos encargada de resolver os posíbeis problemas que puideran xurdir no interior da frente.

Na ponencia tamén se fai unha proposta de símbolos para a frente: a bandeira de Galiza cunha estrela vermella de cinco cabos, que simboliza a liberación nacional, e a adopción do himno galego.

Esta era a proposta de reformulación da AN-PG (e da UPG), que finalmente se autodisolverá na nova organización, aínda que durante o proceso constituínte estará presente como unha organización máis.

Ao Plenario asistirían como convidados: Eduardo Gutiérrez polo PSG, Bautista Álvarez pola UPG, e Xosé Luís Méndez Ferrín por Galicia Ceibe ademais dos representantes sindicais da INTG, CC.LL-SLG, e CSG.

Os días 24 e 25 de abril, celébrase en Melide o IV Plenario nacional de Galicia Ceibe. Neste Plenario acórdase a participación na constitución da nova frente patriótica, defendendo os seguintes principios básicos: autodeterminación, amnistía total, idioma galego oficial, retirada das forzas represivas de Galiza e formación dunha táboa reivindicativa que atenda ás agresións do Estado español a Galiza. No Plenario tamén se salienta que a participación electoral non pode ser un obxectivo prioritario para a frente, dependendo sempre do estudo previo da situación política concreta. En canto á súa definición política, segue apostando pola independencia no plano estratéxico e pola ruptura democrática no plano táctico[194].

4.4. O PROCESO DE CONSTITUCIÓN DA ORGANIZACIÓN UNITARIA NACIONALISTA

No apartado anterior vimos como as organizacións nacionalistas, a través dos seus máximos órganos decisorios, acordaban participar no proceso de constitución dunha nova frente patriótica facendo chamamentos á participación ás demais forzas, grupos, colectivos e independentes nacionalistas.

A primeira reunión oficial da que se ten constancia celébrase en Santiago o 15 de maio de 1982, na sede nacional da AN-PG. Nesta xuntanza, os partidos, colectivos e independentes reunidos, acordan facer un chamamento "á participación no proceso, aberto e democrático, de unidade do nacionalismo a partir dos mínimos principios que o poden configurar", que se reducen a:

1) "Recoñecemento do carácter plurinacional do Estado Español e defensa do dereito de autodeterminación das nacións que o compoñen..."

2) Autogoberno frente a Autonomía.

3) Autoorganización política e sindical.

4) Antiimperialismo

5) Pluralismo ideolóxico e democracia interna[195].

---

194 *A Nosa Terra*, nº 187, p. 7.
195 *Ceibe*, nº 51, p. 12.

Este chamamento ten unha importancia decisiva xa que é o primeiro que se fai de forma colectiva, subscribíndoo a AN-PG, GC (-OLN), PSG, UPG, Independentes de Santiago e A Coruña, Colectivo Asamblea de Nacionalistas Galegos e o Colectivo Libertario Arco da Vella e nel contense a convocatoria para a formación dunha xestora aberta que celebrará a súa primeira reunión o 30 de maio en Santiago. Deste xeito comézase a conformar un campo de actuación conxunto que parte da proposta e disposición da AN-PG.

Temos, xa que logo, un novo escenario marcado pola apertura dun proceso constituínte no que participan unha serie de actores, algúns dos cales se caracterizan pola súa recente aparición. Deseguido, faremos un breve repaso dos comunicados que fan públicos, desde finais de 1981, coa pretensión de deixar constancia deses novos grupos e colectivos que terán un papel, máis ou menos destacado, no proceso de constitución da nova organización unitaria nacionalista. Do mesmo xeito, serán salientados os chamamentos e comunicados que tiveron algunha repercusión no proceso, sobre todo aqueles que mantiñan unha postura crítica frente á proposta de reformulación que foi aprobada no V Plenario da AN-PG.

O semanario *A Nosa Terra*[196] ocuparase de facer público o debate sobre a unidade do nacionalismo[197] dando conta do proceso que vai desde as primeiras convocatorias até a constitución da nova organización.

Desde finais do 1981, e concretamente despois das eleccións autonómicas, asistimos ao nacemento de novos grupos como o Colectivo Libertario Zona Aberta, presentado en novembro como unha "nova alternativa libertária [...] apoiando calquer iniciativa de carácter auto-xestionário, no marco dunha Confederación das Nacións Ibéricas e dentro do proxecto futu-

---

196 Sobre a liña editorial de *A Nosa Terra* e os principais contidos do semanario desde 1977 até 1989 resulta de especial importancia o artigo de Marcos Valcárcel en *A Trabe de Ouro*, nº 5 (1991).

197 O primeiro chamamento á unidade constátase no nº 167 no que se publica unha carta asinada por Xoán Salvador Ribadomar Padín, na cal se fai fincapé na necesidade dunha estratexia conxunta para poder desbancar a longo prazo a UCD e a AP.

ro da Confederación das Nacións Europeias" que perseguía a superación da contradición entre marxismo e anarquismo aberta na Iª Internacional Socialista, por ser un conflito anacrónico[198]. Este novo grupo enlazaba a Castelao, co federalismo e co anarquismo como un intento de buscar un espazo político-social sobre o que actuar. A súa alternativa era presentada como un novo "anarquismo positivo", diferenciado radicalmente do que entendían como "anarquismo negativo" (perseguía a destrución do "Estado burgués" pero sen dar unha alternativa social de cambio), que partindo do contexto de crise da esquerda marxista, suscitada pola aparición do eurocomunismo e os problemas que provoca no seo dos partidos comunistas de Europa Occidental, postula a necesidade de que o individuo libre, responsábel e creativo sexa o principal motor da transformación da realidade social. Deste xeito conformaban a súa proposta para a sociedade galega actual[199]. O Colectivo Zona Aberta mantén unha estreita vinculación co Colectivo Libertario Arco da Vella, aínda que nacera con anterioridade, xa que se ten constancia da colaboración do primeiro na revista *Arco da Vella*[200], que lles vai servir como plataforma de presentación no verán de 1982 (aínda que, como dixemos, xa se ten constancia del en novembro de 1981).

Aparecían deste xeito dous colectivos que amplían o espectro político galego, e que desempeñarán un papel relativo no proceso constituínte, xa que, no caso de Arco da Vella participará na primeira xuntanza do 15 de maio e Zona Aberta incorporarase a algunhas reunións da Comisión Xestora. Os dous colectivos libertarios representaban unha nova forma de entender a política, na liña do que ven sendo coñecido como "new politics" (Inglehart, 1977), na que o individuo ten un papel máis activo, construtivo (recordemos o "anarquismo positivo"),

---

198 "Aproximación Libertaria aos movementos nacionalitarios", artigo de Constantino Rábade (membro das Comisións de Política e Investigación do Colectivo Libertário Zona Aberta), no nº 165 de *A Nosa Terra*, p. 14.

199 Rábade, C.: "O anarquismo positivo", *A Nosa Terra*, nº 170, p. 16.

200 Aínda que só tivemos acceso aos números dous e tres da revista, no terceiro (verán de 1982) faise referencia, no apartado de colaboracións, ao Colectivo Zona Aberta, que é presentado publicamente nas páxinas deste número da revista.

asumindo unha responsabilidade que ineludibelmente vai asociada ás aspiracións de liberdade. Así mesmo, e en relación co Colectivo Zona Aberta destaca a superación da división existente dentro da esquerda, adiantándose ao que hoxe é defendido por certos sectores dentro da coñecida como "esquerda alternativa" que presenta non só un intento por superar esa división, senón tamén unha nova formulación na que os "novos movementos sociais" teñen un papel destacado. Polo que respecta á súa relación co nacionalismo galego, podemos recorrer á conclusión de F. Letamendía (1997) cando se refire a que os colectivos e grupos que defenden valores "neo-identitarios" presentan unha tendencia ao achegamento aos partidos nacionalistas pola súa propia natureza reivindicativa (tamén De Winter e Türsan, 1998).

O semanario *A Nosa Terra* tamén dá conta das primeiras noticias sobre a formación doutros grupos, no marco dunha reestruturación que arranca co chamamento á unidade feito pola UPG; uns caracterizados por agrupar a persoas que se declaraban independentes de opcións partidarias, e outros que conforman novos grupos e colectivos nacionalistas. A maioría desta xente tiña en común a súa anterior militancia na AN-PG, no PSG, na UPG ou en GC. Recollemos a noticia de que en febreiro de 1982 se celebraran encontros para a formación dun grupo que inicialmente se declaraba constituído por nacionalistas independentes. Destas xuntanzas, que en principio tiñan unha periodicidade semanal, xorden dúas liñas de actuación, unha de cara á unidade do nacionalismo, na que se presentan diversas posturas que coinciden en subliñar a escasa autonomía da AN-PG e a desconfianza a respecto da vontade unitaria da UPG, e a outra, de cara ao interior do novo grupo, coa finalidade de formar unha ampla plataforma antiautoritaria na que a soberanía debería recaer nos colectivos, sen requisitos previos, para desempeñar un papel activo no proceso que se abriría en función dos resultados do V Plenario da AN-PG[201].

Ao longo das xuntanzas que se celebran para analizar as conclusións do V Plenario, prodúcense unha serie de contactos

---

201 *A Nosa Terra*, nº 180, p. 7.

co obxectivo de conformar unha nova forza política. Boa parte das persoas que acudiran ás xuntanzas manteranse como independentes, quedando fóra do novo grupo que nace a finais de abril co nome de Colectivo Asamblea de Nacionalistas Galegos (ANG), conformado inicialmente por unhas oitenta persoas, na súa maioría ex–militantes da UPG e da AN-PG (entre eles atopábanse Manuela Fraguela e Francisco García Montes). Este grupo defínese como unha "...organización provisória co obxectivo prioritário de pular polo mantimento e fortalecimento das organizacións de masas nacionalistas e da criación dun frente patriótico". As súas críticas diríxense, por un lado, á frente defendida pola UPG e a AN-PG, e por outro, á política seguida por Esquerda Galega, sobre todo pola súa "rápida adaptación ao sistema". Partindo da apertura dun novo marco de actuación para os nacionalistas, fan un chamamento á unidade co fin de poder enfrentar con éxito esta nova etapa[202]. A convocatoria de febreiro, que tiña como obxectivo xuntar os nacionalistas independentes, tivera un éxito importante. O Colectivo Asamblea de Nacionalistas Galegos estará presente no primeiro chamamento conxunto á unidade, acudindo á xuntanza convocada pola AN-PG.

Os independentes, seguen convocando encontros co obxectivo de conformar un colectivo para participar con garantías no proceso constituínte que se estaba abrindo. Así, na xuntanza do día 15 de maio atopamos un colectivo de Independentes de Santiago e A Coruña asinando o chamamento conxunto. Entre os integrantes deste colectivo destaca a presenza de Xosé Manuel Beiras (que estivera entre os convidados ao III Congreso da UPG e ao Plenario da AN-PG) e de Ramón Muñiz (ex-militante da UPG e un dos principais organizadores do sindicalismo agrario nacionalista)[203]. Este colectivo irase amplian-

---

202 *A Nosa Terra*, nº 187, p. 7.
203 No nº 174 (28 de xaneiro-4 de febreiro 1982) de *A Nosa Terra* publícase unha carta de Ramón Muñiz na que fai unha invitación "a tódolos nacionalistas galegos para que xa individualmente, como grupo, colectivo ou partido político expoñan a súa opinión sobor do Frente mirando ao futuro". Unha carta motivada polo chamamento da UPG para a construción dunha nova organización unitaria.

do no decurso do proceso constituínte. Os independentes, inicialmente, van estar dispersos en varios grupos, como veremos ao falar da Xestora, para máis tarde iniciar un proceso no que se tenta a confluencia nun só grupo a efectos de ter máis forza na asemblea constituínte. O proceso de confluencia iníciase en maio de 1982 e continúa ao longo dos meses do verán, destacando o encontro celebrado o 29 de xuño no que se xuntan un "fato de nacionalistas independentes, é dicir, non organizados en ningún partido, asemblea ou colectivo político" coa finalidade de garantizar que o proceso constituínte sexa democrático, aberto e transparente nun marco verdadeiramente asembleario, e de conciliar as propostas existentes no seo da Xestora (o que supón a renuncia á presentación dunha alternativa)[204]. Todo isto enmarcado nos presupostos que se expoñen nun documento datado a 4 de maio[205], no cal, partindo da asunción duns principios mínimos para a nova frente, se sinala como obxectivo principal a superación das dificultades nas relacións entre os distintos grupos e colectivos nacionalistas para poder acadar a verdadeira unidade nunha organización na que todos se sintan acollidos. Outórganse o papel de conciliadores, coa finalidade de que o resultado final sexa beneficioso para todos. Neste mesmo documento, maniféstase a posibilidade de que o grupo se organice de cara ao proceso constituínte (lembremos que estamos a falar dun documento de principios de maio) que debe desembocar nunha organización inspirada nunha dobre lóxica representativa: a dos partidos, organizacións e grupos; e a lóxica asemblearia. A finais de xullo de 1982 faise pública unha lista de nacionalistas independentes[206], agrupados en función da súa actividade profesional, que subscriben os principios mínimos para a unidade do nacionalismo e manifestan, a súa disposición a seguir participando no proce-

---

204 Co obxectivo de organizar e atraer novas adhesións aos grupos de independentes, decídese nomear a unha serie de persoas que funcionarían como contactos. Entre os elixidos atopamos a Encarna Otero en Santiago, Xácome Santos en A Coruña e Manuel Sendón en Vigo. *A Nosa Terra*, nº 194.

205 Neste documento convócase para o día 16 de maio unha asemblea de independentes que se celebraría en Santiago. O documento ao que nos referimos consta de tres páxinas mecanografadas.

206 *A Nosa Terra*, nº 198, p. 4.

so constituínte. Este listado agrupaba a máis de douscentos independentes entre os que se atopaban coñecidos nacionalistas como: Xosé Manuel Beiras, Margarita Ledo Andión, Ramôm López-Suevos, Ramón Muñiz, Encarna Otero, Elvira Souto Presedo, Ramón Valcárcel ou Xavier Vilhar Trilho, entre outros.

Por outro lado, e seguindo coa reestruturación que se produce dentro da esfera nacionalista, dáse a coñecer un manifesto asinado por un novo grupo, que aparece despois da convocatoria do 15 de maio. Este colectivo coñecerase co nome de Grupo de Nacionalistas de Esquerda. No manifesto deixase claro que non constitúen un partido, senón que baixo este nome se identifican unha serie de persoas co obxectivo de facer máis efectivas as forzas políticas nacionalistas existentes, escapando de calquera pretensión de converterse nunha nova opción partidaria. Estaba conformado na súa maioría polo que coñecemos como "Grupo de Lugo", que seguirá defendendo a necesidade de conseguir a "unidade de ación verdadeira" entre os partidos nacionalistas de cara a certas cuestións importantes como a LOAPA (Lei Orgánica de Harmonización do Proceso Autonómico), a "cota leiteira" ou as eleccións ao Parlamento do Estado, interpretando o posíbel resultado do proceso constituínte como a unidade parcial do nacionalismo. Xa que logo, este colectivo tamén buscaba a unificación do nacionalismo, pero eliminando a fórmula frentista, no marco das propostas presentadas no Congreso da UPG e no Plenario da AN-PG[207]. Como despois veremos, o Grupo de Nacionalistas de Esquerda aproxímase a Esquerda Galega, asinando conxuntamente unha serie de documentos contra a "política frentista". Con posterioridade, unha parte dos membros do Colectivo intégrase en Esquerda Galega.

O panorama nacionalista, despois das crises de 1981 e de principios do 1982, vaise reestruturando pola disposición da maioría das principais forzas nacionalistas a abrir un debate sobre a posibilidade de constituír unha nova frente unitaria patriótica.

Neste contexto, enmárcase a celebración do I Congreso de Esquerda Galega os días 25, 26 e 27 de xuño en Vigo. Nel for-

---

207 *A Nosa Terra*, nº 191, p. 7.

malízase o partido que nacera o ano anterior, definíndose como nacionalista e socialista e posicionándose a favor de traballar no marco institucional existente co obxectivo estratéxico de superalo. Entre os convidados ao Congreso destaca a presenza dos representantes do "Grupo de Lugo" que expresaron a súa vontade de unirse máis adiante á organización, e a presenza de Francisco Trigo Durán polo PSG, que na súa intervención criticaría a EG por rexeitar a unidade do nacionalismo no marco frentista.

Deixamos pois presentados a todos os actores que participarán, dun xeito ou doutro, no proceso constituínte aberto no seo do nacionalismo galego despois do V Plenario da AN-PG.

4.4.1. A xestora da nova organización patriótica

Na primeira xuntanza, convocada para o 30 de maio, configúrase a Comisión Xestora Nacional encargada de dirixir e organizar todo o proceso que debería concluír na celebración da asemblea fundacional da nova frente patriótica.

Quedaba constituída a "Comisión Xestora para a formación dunha organización unitária do nacionalismo", participando nela como membros orixinarios a AN-PG, GC, PSG, UPG, ERGA, Asamblea de Nacionalistas Galegos, Colectivo Libertario Arco da Vella, dous grupos de Independentes da Coruña, un de Santiago, un de Vigo e un do Condado. A principal novidade con respecto á xuntanza do 15 de maio será a presenza de ERGA (con voz pero sen voto) e a ampliación dos grupos de independentes. En principio, a Xestora estaría composta por 22 membros representando aos partidos e grupos participantes (dous por cada un deles) e os seus acordos deberían ser tomados por consenso. Entre as primeiras decisións adoptadas nesta primeira xuntanza destacan:

1) A apertura da Xestora a outros partidos, grupos ou colectivos que desexen participar, establecendo como única condición a de aceptar os acordos aprobados até ese momento.

2) Establecen un calendario para a presentación, aberta a todos, de propostas tanto sobre os principios políticos como sobre o esquema organizativo da nova frente, que remataría

o 13 de xuño. Antes do 27 dese mes, a Xestora elaboraría un texto refundido sobre as propostas presentadas, incluíndo aquelas nas que non houbera acordo, para posteriormente ser enviado a todas as zonas. O 25 de xullo sería a data prevista para ter rematados os debates "nos distintos sítios" e, a Asemblea Constituínte poderíase celebrar o 4 ou o 5 de setembro, quedando definitivamente configurada a nova organización.

3) Noméanse un moderador e un secretario interno co obxectivo de levantar acta, que terán carácter rotatorio entre as forzas participantes.

4) A elaboración dunha resposta conxunta á carta de Esquerda Galega na que rexeitaba a participación no proceso de formación da nova organización. Nesta resposta criticábase a posición de Esquerda Galega insistindo no seu intento de "terxiversar a realidade", e na importancia de que reconsiderase a súa postura e participase no proceso constituínte.

A carta de Esquerda Galega á que se refiren estaba datada a 23 de maio e fai referencia ao chamamento pola unidade do nacionalismo que se acordou conxuntamente o 15 de maio. Entre os principios defendidos por EG nesta carta destacan: o obxectivo de crear un "Estado Socialista Galego", a estratexia do progresivo autogoberno partindo da consecución dun amplo Estatuto de Autonomía, o non descrédito da Constitución senón a superación da mesma, o non á OTAN, o rexeitamento do Mercado Común Europeo pero asumindo a ineludíbel modernización dos sectores produtivos, o ofrecemento á esquerda estatal dunha saída de integración no nacionalismo cando este fose hexemónico, o apoio á democracia representativa e a reafirmación de que o modelo frentista está fóra de lugar xa que, en todo caso, só uniría a unha parte do nacionalismo, apostando claramente polas propostas de clase diferenciadas que se deberían expresar na existencia de varias opcións políticas[208]. A carta remata cun chamamento á colaboración entre as forzas

---

208 Neste mesmo sentido xa se expresara Xan López Facal, membro do Consello Nacional de Esquerda Galega, como resposta ao chamamento feito pola UPG e o PSG, nun artigo publicado en *A Nosa Terra* no nº 180, p. 15.

nacionalistas de esquerda[209]. A esta carta séguelle un comunicado asinado por EG e polo Grupo de Nacionalistas de Esquerda, datado a 26 de maio, no que responden conxuntamente ao chamamento á unidade[210]. Critican a creación da Frente, que presentan como a reformulación do modelo da AN-PG, pois negaría a pluralidade existente na sociedade galega e expresaría o intento de monopolizar a esfera nacionalista por parte das organizacións que fan o chamamento. Así mesmo, propoñen a colaboración puntual entre as forzas nacionalistas co fin de defender os sectores produtivos galegos e acadar a soberanía nacional, pero sen que isto implique a supeditación das estratexias políticas asumidas por cada un dos partidos e grupos participantes. Esquerda Galega e o Grupo de Nacionalistas non participarán en ningunha das fases constituíntes.

5) Novo chamamento aos grupos que rexeitaran participar no proceso, poñendo especial énfase no Colectivo Libertario Zona Aberta e no Grupo de Nacionalistas de Esquerda[211].

Será este o primeiro paso para iniciar o proceso substantivo de conformación da frente que se estruturará en catro fases: na primeira elaboraríanse as propostas de cada un dos participantes; na segunda discutiríase por unha "comisión redactora" (nomeada no seo da Xestora) a elaboración do texto refundido sobre as propostas presentadas; na terceira enviaríase a cada unha das xestoras de zona (creadas previamente) o texto refundido coa finalidade de ser discutido e, de ser o caso, incluír as emendas que se considerasen oportunas; finalmente, na cuarta fase, celebraríase a Asemblea fundacional (Asemblea Nacional ou Asemblea Nacional Constituínte).

---

209 "Carta aos Partidos e Colectivos do Frente Patriótico", 23 de maio de 1982, 7 pp. mecanografadas.

210 Sen título, 2 páxs. mecanofradas. Este comunicado (reprodución parcial do mesmo) e a resposta da Comisión Xestora ao mesmo, publícanse no nº 198 de *A Nosa Terra*.

211 "Comunicado da formación da Comisión Xestora dunha organización unitaria do nacionalismo", *Ceibe*, nº 51, p. 11. Un resumo dos acordos adoptados na xuntanza publícase no nº 192 de *A Nosa Terra*, p. 10.

Cada un dos grupos integrantes da Xestora, tamén os novos que se van incorporando, como é o caso do colectivo "Avance Nacionalista"[212] formado por independentes da Coruña, comezan a traballar nas súas propostas sobre como deberá ser a nova frente, seguindo a esteira marcada pola proposta da AN-PG no seu derradeiro Plenario. Os principios que deberían ser asumidos por todos foron flexibilizados dentro dos termos previstos, como vimos ao falar da xuntanza do 15 de maio, tendo como referencia os inicialmente expostos na proposta da AN-PG, nunha liña moi xenérica, coa finalidade de conseguir unha participación elevada no proceso constituínte.

Propostas, críticas e matizacións

Coa constitución da Comisión Xestora e a apertura explícita do proceso constituínte preséntanse as propostas para a organización da frente, pero, ao mesmo tempo, tamén van xurdir un conxunto de críticas dirixidas tanto ás posturas das organizacións participantes como aos traballos realizados pola Xestora. Neste apartado analizaremos cada unha das alternativas e deixaremos constancia das principais críticas a respecto do proceso.

Tendo en conta que a proposta da UPG e a da AN-PG xa fora expresada no V Plenario, as forzas e colectivos que presentan alternativas son: o PSG, Galicia Ceibe-OLN, o Colectivo "Arco da Vella" e Avance Nacionalista. Aínda que, como logo veremos, as dúas últimas máis que presentar unha proposta alternativa, o que fan é enunciar as directrices que debería seguir a nova organización. Os colectivos de independentes, unidos polo obxectivo de acadar a soberanía nacional, manteñen a súa posición inicial de non presentar unha proposta alternativa, outorgándose o papel de moderadores das alternativas presentadas polos outros partidos e grupos participantes.

A proposta do PSG parte da situación política de Galiza salientado a necesidade de "criación dunha nova Organización

---

212 Colectivo que nace nunha xuntanza celebrada o 4 de maio en Santiago e que estaba composto por un número reducido de persoas, entre 15 e 20.

Unitária dos Nacionalistas que recolla un compromiso de acción táctica común e viabilice o debate que se ten que producir no seo do nacionalismo sobre as distintas estratéxias de liberación nacional e construción do socialismo". Para o necesario entendemento sinalan os principios mínimos baixo os que se unen todas as organizacións, colectivos e persoas independentes (autodeterminación, autoorganización, rexeitamento da Constitución e da fórmula autonómica, participación institucional comprometida co carácter nacional de Galiza, apoio ao sindicalismo nacionalista, non á OTAN, e non ao Mercado Común Europeo). A unidade deberíase concretar nun traballo conxunto que propiciase a unidade do sindicalismo nacionalista nunha central sindical única galega, e que ampliase a implantación social do nacionalismo; na participación nas institucións despois de concorrer aos procesos electorais, actuando no marco constitucional e, xa que logo, no autonómico, coa finalidade de transformalos; no apoio á autoorganización das clases populares en todos os eidos (cultural, social, económico) e no traballo pola clarificación política co obxectivo de defender os intereses das clases populares. No referente á proposta organizativa destacan os seguintes principios: un ineludíbel carácter asembleario; adscrición individual en consonancia co anterior; representación territorial frente á sectorial; unha regulamentación clara para favorecer a democracia que se expresaría na garantía da transparencia nos tres planos fundamentais: debate, decisión e xestión; garantía de pluralismo político, así como das diversas correntes de opinión organizadas; a discrepancia debe ser un dereito sempre e cando non contradiga cos obxectivos da organización. Para finalizar, a súa proposta inclúe o deseño dunha estrutura organizativa que estaría conformada por unha Asemblea Nacional e unha Asemblea Comarcal ou Zonal en cada unha das divisións territoriais nas que teña presenza a organización e dous tipos de coordinadoras permanentes, unha de carácter nacional e outra comarcal ou zonal[213].

Pola súa parte, Galicia Ceibe-OLN presenta unha proposta

---

213 Documento que consta de tres folios mecanografados sen datar.

na que inclúe un proxecto de estatutos polos que se debería rexer a nova organización e os seus membros. A proposta comeza cunha división entre o que definen como "grandes obxectivos", entre os que se atopan fins programáticos como a independencia e o socialismo, e outros que fan referencia a temas máis concretos como é a reforma agraria, a reforma urbana, a ordenación do territorio, e a mellora das condicións de vida e de traballo de todo o pobo; por outro lado, estarían os coñecidos como "obxectivos de acción inmediata", entre os que entrarían a ruptura democrática e a consecución dun alto nivel de autogoberno como primeiro paso para a independencia e, finalmente, unha parte dedicada á dirección que debe tomar a nova frente, impulsando a autoorganización do pobo en todos os sectores, apoiando o movemento pro-amnistía, participando só nas municipais e nas eleccións ás Cámaras Agrarias e defendendo, pola contra, a abstención "activa e razoada" (ou o boicot) nas autonómicas e nas xerais. Polo que se refire ao proxecto de estatutos, preséntase articulado en 22 preceptos entre os que se inclúe a disposición organizativa da nova frente que confluiría nunha Asemblea Nacional e iría até as asembleas de barrios. Galicia Ceibe tamén inclúe na súa proposta os posíbeis nomes que podería ter a nova organización: Pobo Unido, Nova Terra ou Terra Ceibe[214]. Xosé M. García Crego, membro de Galicia Ceibe-OLN, publica un artigo en *A Nosa Terra* no que deixaba clara a posición que mantería a súa organización a respecto do proceso unitario aberto, partindo dunha "postura aberta e dialogante, sabedores de que todos teremos que ceder algo para chegar ao acordo" e insistindo en que Galicia Ceibe-OLN tiña as súas propias ideas sobre como debería ser a formación política unitaria[215]. No artigo resáltase a oposición ao que denomina "electoralismo" defendendo unha postura rupturista de rexeitamento das regras do xogo marcadas nas leis do Estado español, manifestando a necesidade de estudar, en cada caso, as condicións políticas existentes como paso previo á partici-

---

214 *Proposta de Galicia Ceibe-OLN*, 8 páxinas mecanografadas sen datar.
215 "Notas para o debate do nacionalismo de esquerda", *A Nosa Terra*, nº 194, p. 14.

pación electoral (unha posición claramente enfrentada coa defendida polo PSG e a UPG).

O resto das propostas presentadas teñen un carácter máis parcial que as anteriores, incidindo, sobre todo, nos principios que deben rexer o funcionamento da organización. O colectivo "Avance Nacionalista" da Coruña, enuncia na súa proposta unha serie de "puntos diferenciadores cara a creación do FRENTE NACIONALISTA" entre os que destacan: o nacionalismo, a independencia como única forma de entender a soberanía, o rexeitamento de todas as leis, o apoio á autoorganización dos galegos e o non condicionamento a priori das relacións internacionais do goberno galego soberano. Por outro lado, e como parte dunha proposta aínda por definir, destacan o carácter progresista da frente que debe perseguir a consecución dunha sociedade socialista galega. Rematan a súa presentación coa disposición de asumir o resultado das discusións sempre e cando se teña como base a "defensa de Galicia como Nación"[216].

A outra proposta parcial é a presentada polo Colectivo Libertario "Arco da Vella", aínda que máis que unha proposta é un conxunto de principios sobre os que se asenta o colectivo e a súa forma de entender o que debe de ser a transformación política, social, económica e cultural de Galiza, que deberían ser asumidos pola nova organización. Entre estes principios descatan a reclamación do dereito á diferenza contra "a uniformización do capital e o seu Estado" e subliñan como características do novo movemento (xa que en ningún lugar falan de organización) a da defensa dos intereses galegos frente ao capitalismo expresado polo Estado español e o seguimento dunha táctica da radicalidade no plano político, social, económico e cultural, coa finalidade de concienciar das contradicións do sistema capitalista enfrentándoo con formas radicais de entender a convivencia. No plano organizativo destacan os seguintes principios: democracia directa asemblearia, cargos suxeitos a revogación, mandatos deliberativos e non executivos, a integración no movemento faríase indistintamente de

---

216 Documento sen data de dous folios mecanografados.

forma individual ou colectiva sen prexuízo doutras condicións e a estrutura da organización debería ser "...reflexo da vida cotidiana"[217]. A proposta está moi en consonancia co carácter libertario do colectivo.

Os colectivos de independentes que participan no proceso, seguirán na liña marcada en maio e reafirmada en xuño, de non presentar propostas alternativas.

As organizacións e grupos nacionalistas que deciden non entrar no proceso constituínte, realizan unha serie de críticas dirixidas tanto ao proceso como ás organizacións que nel participan. Neste grupo englobaríase Esquerda Galega, o Grupo de Nacionalistas de Esquerda (dos que xa falamos) e o Colectivo Libertario Zona Aberta. Este último, oporíase ao proceso pola inadecuación do modelo frentista á realidade social galega xa que non constituía un paso axeitado para lograr a unidade da esquerda (obxectivo permanente deste colectivo), polo que se debería buscar a fórmula máis axeitada para evitar a confusión que percibían no proceso. Con este obxectivo fai unha proposta, remitida a todos os partidos, colectivos e grupos participantes, na que sinalan dous principios fundamentais para conseguir a unidade da esquerda: 1) "creación dunha organización sócio-política, permeable [...] mediante a converxéncia de organizacións, colectivos e independentes"; 2)Potenciar a "converxencia do sindicalismo nacionalista" e a creación dun "Sindicato Galego de Traballadores Autónomos"[218].

Os textos refundidos

As propostas presentadas comezan a ser estudadas a partir do 14 de xuño pola comisión nomeada a tal efecto no seo da Xestora Nacional, procedendo, deseguido, á elaboración do texto refundido tal e como se dispuxera na xuntanza do 30 de maio.

O 27 de xuño celébrase a xuntanza[219] na que estaba previs-

---

217 Colectivo "Arco da Vella", 11 de xuño de 1982, 3 páxinas mecanografadas.
218 *A Nosa Terra*, nº 192, p. 14.
219 No Apéndice III incluímos os nomes dos representantes que asisten ás xuntanzas da Xestora Nacional.

ta a elaboración do texto refundido sobre os borradores programático e organizativo (dos que se encargara a Comisión Redactora). No transcurso da xuntanza realízanse unha serie de cambios nos borradores que van desde a inclusión de novos termos co fin de matizar certas posturas até a substitución duns conceptos por outros (p. ex., no principio referente ao antiimperialismo substitúese *soberanía* por liberación), elimínanse algunhas referencias funcionais (p. ex. exclúese a dimensión sectorial nos principios organizativos por ser incompatíbel co carácter asembleario da organización, permanecendo exclusivamente a territorial) e decídese o mantemento de redaccións alternativas no caso dalgún dos principios (como sucede con GALICIA NACIÓN). Nesta xuntanza vai quedar fixada a data de celebración da seguinte para o 4 de xullo co obxectivo prioritario de enviar a documentación referida ás cuestións regulamentarias e ás propostas tácticas. Convócase tamén para este día á INTG para organizar os actos do 25 de xullo[220].

O texto referido á "proposta para a alternativa política do Frente", quedaba aprobado, exceptuando as partes que se deixan para a seguinte xuntanza coa finalidade de ser enviado ás xestoras de zona. O documento aprobado divídese en tres partes:

1) ADRO. Neste apartado con carácter introdutorio preséntanse os puntos comúns entre as organizacións e os colectivos participantes no proceso, e os obxectivos do mesmo. Entre os principios comúns cabe destacar os seguintes: lograr a unidade do sindicalismo, a ampliación da introdución social do nacionalismo, compatibilizar o uso da vía institucional e da mobilización, promover a vontade autoorganizadora do pobo e, por último, dar un paso decisivo na clarificación, identificando aos inimigos de Galiza e os problemas que lle afectan coa finalidade de defender os intereses populares e a identidade nacional.

2) PRINCIPIOS IDEOLÓXICO-POLÍTICOS. Neste apartado, que ten un carácter fundamental, exponse unha das alternativas aprobadas na xuntanza do 27 de xuño (referida á redacción do principio número 1) que define a Galiza como unha

---

220 Información procedente da acta da xuntanza, que consta de tres páxinas mecanografadas.

nación e como tal déixase constancia do seu lexítimo dereito á autodeterminación. Outros principios son: democracia, antimonopolismo e intereses populares, autoorganización, Galiza e o colonialismo, antiimperialismo, paz mundial e desarme. Desenvólvense tamén uns principios xerais que conformarían o modelo social que defenden como alternativo, caracterizado por un conxunto de liñas directrices que se enmarcan dentro dun proxecto socialista aínda que non expresamente recoñecido como tal. Na Asemblea de Riazor volverase sobre este asunto a propósito dunha emenda presentada nesta dirección.

3) MARCO POLÍTICO. Neste apartado négase a lexitimidade do marco institucional establecido, apostando pola superación do mesmo e subliñando que participar nas institucións non supón en ningún caso que se acepten.

O primeiro documento para a formación dunha frente nacionalista estaba xa redactado. Nel apreciábase a influencia de todas e cada unha das organizacións, grupos e colectivos que participaran no proceso. As principais liñas sobre as que se deseña o documento adiantan o carácter da nova organización. En primeiro termo, a definición nacionalista non explicitamente independentista, pero que, indirectamente, podería interpretarse como tal xa que se facía referencia á "necesária criación dun Estado propio" (ben é certo que tamén pode ser interpretado dentro dun modelo de Estado federal). En segundo lugar, o "espírito movementista" que parte da consideración do nacionalismo como unha maneira de entender a totalidade, e como tal cun proxecto de cambio de carácter holístico. En terceiro lugar, a unión da esquerda e das reivindicacións nacionais, que se manifesta sobre todo no modelo social proposto así como na reafirmación do antimonopolismo e do antiimperialismo. E por último, a utilización dun esquema de traballo que poderiamos dividir en dúas partes: unha, a curto e medio prazo, dirixida ao traballo no seo das institucións existentes para a "democratización real do aparato administrativo do Estado, da policía, do exército,...", e co obxectivo de "agudizar as contradicións existentes"; outra, a longo prazo, que supón "a superación do actual Réxime político".

Ao mesmo tempo, preséntase o documento que contén os

principios organizativos polos que se rexerá a organización así como a súa estrutura provisional[221]. Entre os principios de funcionamento interno destacan: a democracia, o carácter asembleario, a defensa do pluralismo político, a regra das maiorías na toma de decisións e o respecto polas minorías, a liberdade de expresión, o dereito á discrepancia pública e a estruturación territorial (vs. sectorial). Un compendio de principios que reafirmaban o carácter aberto e plural da nova organización, presentándoa como unha nova experiencia dentro do nacionalismo galego.

Polo que se refire á estruturación organizativa faise unha amálgama de todas as propostas, insistindo en que se deixarían para a asemblea constituínte as funcións de cada un dos órganos propostos. A estrutura vai quedar provisionalmente composta por tres niveis: o nacional, o comarcal, e o local. A nivel nacional haberá un órgano encargado de resolver os conflitos, a modo de árbitro interno. Decídese remitir á asemblea de setembro a decisión final sobre os símbolos.

Nas xuntanzas celebradas os días 4 e 5 de xullo, introducen unha serie de cambios no texto refundido orixinal, entre os que é preciso subliñar a substitución do modelo social exposto, por unha alternativa presentada polo independente Xosé Manuel Beiras. Entre as alternativas propostas aos principios aprobados na Xestora, co obxectivo de ser votadas na asemblea fundacional, destaca a presentada por "Arco da Vella" na que se manifesta expresamente pola independencia. Esta xuntanza ten moita importancia por tratar a cuestión do "ámbito territorial", e da constitución das asembleas zonais que se deberían de reunir con carácter previo á celebración da asemblea fundacional. Organízase todo o proceso de discusión, establecéndose inicialmente 22 zonas[222] co obxectivo

---

221 Documento de oito páxinas mecanografadas, cinco das cales representan as propostas organizativas de cada un dos participantes.

222 As zonas previstas inicialmente eran: 1) Pontevedra, 2) Salnés, 3) Morrazo, 4) Montaña, 5) Vigo-Redondela-Val Miñor, 6) Porriño-Baixo Miño, 7) Condado-Cañiza, 8) As Pontes-Ferrol, 9) Bergantiños, 10) Melide-Arzúa, 11) Santiago-Padrón, 12) Coruña, 13) Rías, 14) Lugo-Terra Chá, 15) Mariñas, 16) Monforte, 17) A Montana, 18) Valdeorras, 19) Limia-Celanova-Bande, 20) Ourense, 21) Carballiño-Ribadavia, 22)

de formar xestoras encargadas de discutir o documento aprobado pola Xestora Nacional e da presentación das emendas que se estimen oportunas (regulando a forma que deberían seguir), tamén se aproba a formación de xestoras fóra de Galiza e se regulan os requisitos para formar parte da denominada "Asemblea Constituínte Nacional" (reducidos ao pago dunha cota e á inscrición nas listas de participantes que deben elaborar cada unha das xestoras de zona). O proceso organizativo tiña necesariamente un carácter descentralizado, deixando nas mans das xestoras zonais tanto as listas de asistentes como a recadación das cotas estipuladas[223]. Esta forma de proceder podería suxerirnos que o proceso constituínte se organiza por penetración territorial (ao ser deseñadas desde arriba cada unha das zonas) pero, se partimos do feito de que a maioría das forzas participantes tiñan unha organización territorial, sobre todo no caso da AN-PG que se estendía practicamente por todo o territorio, o proceso orixinario parte máis dun reordenamento en zonas, en virtude da presenza de afiliados das organizacións en cada unha delas, aos que se unen os independentes, que da creación espontánea de grupos con carácter zonal (que sería moi difícil tendo en conta a rapidez do proceso).

Na xuntanza do día 4 de xullo establécense os días 25 e 26 de setembro como datas para a celebración da Asemblea Nacional.

O 5 de xullo, dedícase a xuntanza a elaborar un panfleto e un cartel con motivo do 25 de xullo e comezan a organizarse os actos de carácter festivo e reivindicativo[224].

Nas posteriores xuntanzas, celebradas os días 17 (Apéndice III) e 21 de xullo, concrétanse os actos do 25 de xullo, decídese o papel que debe desempeñar a INTG, cales serán as orga-

---

Verín. Tamén se posibilitaba a formación de xestoras fóra de Galiza, ademais da inclusión do Bierzo na xestora de Valdeorras.

223 Esta forma de proceder permanecerá como unha das características do BNG até que se centraliza a recadación e as listas de afiliados na organización nacional, nos anos noventa. É esta unha característica esencial para entender o papel que desempeña a organización comarcal na evolución do Bloque.

224 Acta da xuntanza, 2 pp. mecanografadas.

nizacións convidadas e preséntase a distribución dos gastos atendendo ás características de cada unha das organizacións e colectivos implicados. En relación co proceso constituínte, a única decisión de certa transcendencia que se adopta é a eliminación da xestora de Verín, reconducindo aos membros que inicialmente a compoñían á de Valdeorras.

Os primeiros problemas no seo da Comisión Xestora prodúcense despois das xuntanzas dos días 4 e 5 de xullo. A Asamblea de Nacionalistas Galegos decide a súa retirada do proceso constituínte da nova organización nacionalista nunha asemblea celebrada o 11 de xullo. Os problemas trasládanse á xuntanza da Comisión Xestora do 27 de xuño. A ANG aínda non presentara a súa proposta para a nova organización. A Xestora, en contra da petición da ANG de acompañar os documentos xa aprobados coa súa proposta, reafírmase na liña marcada de enviar só textos refundidos ás zonas. A Asamblea de Nacionalistas Galegos, nun comunicado, datado a 11 de xullo, fai as seguintes críticas ao proceso constituínte:

1) Afirma que se trata "dunha plataforma de lanzamento para uns poucos partidos e organizacións políticas, que unha vez máis antepoñen os seus concretos e particulares intereses aos intereses do povo galego".

2) Critica o documento unitario e manifesta que "...nada se di respecto do espácio político a cubrir [...] non se fala nen duns estatutos nen do programa mínimo de actuación inmediata..."

3) Remata dicindo que "non se analizan con espírito crítico as diversas causas que fixeron necesário o surximento desta nova organización"[225]

Como consecuencia de todo isto, a ANG retírase do proceso, insistindo en que segue "empeñada por conquerir a unidade real do nacionalismo". A saída da Asamblea de Nacionalistas Galegos constituirá a primeira baixa dentro da Xestora Nacional, aínda que os seus membros seguirán participando a título individual nos actos convocados pola mesma. Esta decisión de participación individual podería interpretarse, dentro

---

225 *A Nosa Terra*, nº 196-197, p. 15.

do esquema de Hirschman (1970), como unha expresión da lealdade cara aos obxectivos do nacionalismo.

4.4.2. A Asemblea fundacional do Bloque Nacionalista Galego

Entramos na cuarta fase do proceso constituínte. A Xestora Nacional recibe e ordena as emendas presentadas polas xestoras de zona, quedando así todo preparado para a celebración da Asemblea fundacional á que se remitiran cuestións como a participación nos procesos electorais, a discusión do nome da organización e os símbolos ademais da discusión das formulacións alternativas dalgúns principios, a definición final da estrutura organizativa e a discusión das emendas presentadas aos textos refundidos.

É este un proceso no que, desde o comezo, non se fala da formación dun partido (lembremos que esta era a proposta do "Grupo de Lugo"), senón polo contrario, da creación dunha frente na que os integrantes seguirían conservando a súa autonomía. Unha organización formada por grupos diferenciados orixinalmente cuxo único nexo de unión, en principio, é a defensa da soberanía nacional de Galiza e, xa que logo, a non aceptación do marco institucional existente.

Como antesala da esperada Asemblea fundacional, e no marco dos posicionamentos pola unidade de todas as forzas e colectivos presentes no proceso, subliñando unha vez máis o carácter do nacionalismo como unha concepción de cambio total da sociedade, celébrase en Santiago o 19 de setembro o congreso de unificación entre a INTG e a Confederación Sindical Galega (CSG), poñendo fin a un proceso que se inicia a principios de 1982. A Intersindical[226] nacía co obxectivo prioritario de "acadar un marco galego de relacións laborais". Contaba entre os seus membros con militantes da UPG, do PSG, de EG, de Galicia Ceibe e un grupo pertencente á ANG (ex-militantes da UPG e da AN-PG). Constituíase como o primeiro grande éxito que auspiciaba a apertura dunha nova etapa no sindicalismo nacionalista, mais os acontecementos políticos que se producen despois da unificación conduciron ao incremento das

141

tensións que, pouco a pouco, se van facendo evidentes na Central. Os conflitos internos terán como resultado a escisión dun sector importante, que constituiría a Confederación Xeral de Traballadores Galegos-Intersindical Nacional (CXTG-IN). Haberá que esperar até os anos noventa, concretamente a 1994, para asistir á unificación das dúas centrais, constituíndo a que se coñecerá como Confederación Intersindical Galega (CIG)[227].

A Asemblea fundacional da nova frente celébrase os días 25 e 26 de setembro no Frontón de Riazor na cidade da Coruña. A primeira sesión iníciase ás cinco e media da tarde do sábado 25, e nela anúnciase a apertura da Asemblea coa presentación da mesa que estaría integrada pola Comisión Xestora e apróbanse os temas a tratar, quedando establecida a orde do día do seguinte xeito: o día 25 debate e aprobación da proposta política, e o día 26 discutiríase a proposta organizativa, os símbolos, o nome e a resolución da participación nos procesos electorais, deixando para o final a elección dos membros do Consello Nacional que lle corresponden á Asemblea.

Na primeira xornada vótanse as emendas presentadas polas xestoras de zona á proposta política, discutíndose as alternativas presentadas á redacción do principio ideolóxico *Galiza Nación*. Este debate é importante porque se discute sobre a inclusión do concepto de independencia como obxectivo final do nacionalismo galego. Preséntanse tres alternativas, unha defendida por Bautista Álvarez (UPG), outra por Méndez Ferrín (Galicia Ceibe) e a terceira por Rosa Basave ("Arco da Vella"). A primeira, nunha dirección moi próxima á establecida nas Bases Constitucionais, referíase á concreción da autodeterminación nunha alternativa de soberanía nacional, previo exercicio do poder constituínte por parte do pobo galego, que remataría na "criación dun Estado propio" como expresión plena da soberanía. A segunda, nunha redacción en parte coincidente coa primeira, remata coa

---

226 O primeiro Congreso da INTERSINDICAL celebrarase os días 15 e 16 de outubro de 1983, en Santiago.

227 Para obter máis información sobre o sindicalismo nacionalista resultan moi interesantes tanto o artigo de Xesús Seixo no *Terra e Tempo* nº 12, setembro a decembro de 1999, pp. 23-31, como o libro de Xan Leira (2000).

aposta pola "independencia total" (en consonancia cunha emenda procedente da Xestora de Vigo). A terceira alternativa ía dirixida de forma expresa á emancipación total do Estado español. Celebrada a votación é aprobada por maioría a alternativa defendida por Bautista Álvarez. Este feito supuña prescindir de calquera referencia directa á independencia, aínda que a inclusión do concepto de Estado remitía indirectamente á mesma. É esta unha das cuestións máis polémicas na primeira sesión da Asemblea; finalmente, e de acordo cunha emenda procedente da Xestora de Ourense, a mesa da Asemblea decide presentar unha nova redacción da alternativa aprobada, na que se elimina o concepto de "Estado propio" e se incorpora o texto da emenda na que a proposta de soberanía nacional (en canto que obxectivo) debe ser o "marco imprescindíbel para exercer o control popular de todos os recursos da sociedade galega", manténdose o dereito de autodeterminación e o exercicio do poder constituínte. Este debate dá lugar a un conflito ideolóxico no seo da Asemblea que enfronta aos defensores da independencia total (os maximalistas) e aqueles que defenden outras vías, algunhas delas caracterizadas pola ambigüidade pero, no seu conxunto, máis favorábeis á creación dun Estado federal (ou confederal). Os restantes principios ideolóxico-políticos foron aprobados de forma maioritaria. O "modelo social" é aprobado por maioría tras o rexeitamento previo dunha emenda procedente da Xestora de Vigo que facía referencia a que as transformacións sociais propostas "estarían encamiñadas á construcción dunha sociedade socialista"[228]. A aposta por unha frente interclasista é a principal razón para xustificar este rexeitamento.

A ponencia organizativa debateríase o día 26. A primeira decisión importante foi o apoio maioritario aos principios organizativos, moi en consonancia co carácter xeral dos mesmos. Estes principios son fundamentais para analizar o modelo organizativo do BNG así como para entender o feito de que se fose ampliando a máis organizacións sen moitas dificultades. De feito, permanecen practicamente inalterados na actualidade, síntoma claro da súa flexibilidade e da súa xeneralidade (moi en

---

228 Recollido das *Actas da Asemblea Constituínte da Frente Nacionalista*, p. 2.

consonancia coa denotación, e mesmo connotación, do termo "principio"). O desenvolvemento estatutario irase realizando paseniñamente, introducindo cambios que están en harmonía coa propia evolución do BNG.

A estrutura da organización queda dividida en tres niveis: nacional, comarcal e local, e os seus órganos responden ao seguinte deseño: Asemblea Nacional, Consello Nacional, Permanente do Consello Nacional/ Asembleas Comarcais, Consellos Comarcais/ Asembleas Locais/ e, con natureza arbitral, constitúese a Comisión de Conflictos. É necesario deterse en certos asuntos que serán importantes para comprender o papel de cada unha das organizacións e grupos participantes dentro dos órganos do BNG. Por un lado, apróbase a proposta de que os partidos teñan voz e voto no Consello Nacional así como na Permanente do mesmo, concretando a presencia partidaria en dous membros por cada organización. Por outro, e no tocante á composición do Consello Nacional, fixada en 45 membros, apróbase unha alternativa na que se propón que estea formado por partidos e colectivos así como por persoas elixidas pola Asemblea e por representantes das comarcas. Os consellos comarcais conformaranse seguindo a mesma lóxica que o Nacional. Deste xeito, establécese unha composición dos órganos que responde a dous criterios de representación: o das forzas políticas fundacionais (basicamente os partidos) e o da representación territorial en función das zonas establecidas. Este segundo modo de representación ten moito que ver co primeiro xa que se debe de ter en conta a forza que cada unha das organizacións posúe en cada zona. Desta maneira, as forzas orixinais teñen un papel decisivo na potenciación do espazo común que se personalizaba nos órganos da frente, evitando un funcionamento de carácter parcelario. Será este un traballo que esixirá a colaboración dos grupos integrantes e que se prolongará até os anos noventa. A concorrencia ás eleccións baixo a denominación frentista e a representación institucional que se acada serán dous elementos fundamentais para crear un novo marco ideolóxico e identitario distinto do establecido por cada unha das forzas políticas integrantes da frente. Haberá que esperar até finais dos anos oitenta e principios dos noventa para comprobar obxectivamente como son os propios órganos do BNG os que van definir os intereses da organización, logo dun importante exercicio de síntese das propostas de cada un dos grupos integrantes. Desta maneira, podemos concretar, desde unha perspectiva analítica, dous niveis de decisión: a) o composto polas forzas que integran o BNG e que conservan a súa autonomía como tales levando as súas propostas ao outro b) nivel de decisión que son os propios órganos do BNG.

Outra cuestión tratada na Asemblea ten que ver cos dereitos dos "colectivos", definidos como grupos integrados na frente que dispoñen dunha estrutura orgánica estábel, que representen unha alternativa política global e teñan unha presenza pública recoñecida. Decídese que os colectivos de carácter sectorial estarán representados no Consello Nacional, a razón de un membro por cada colectivo, e terán garantida sempre a voz pero non o voto que se cinguirá ás cuestións referentes aos seus campos concretos de actuación.

A última parte da Asemblea celébrase o domingo 26 pola tarde e nela trataríanse as cuestións que se foran deixando desde a primeira xuntanza da Xestora. Unha destas cuestións era a referida aos símbolos da organización, presentándose dúas alternativas: unha por parte de Galicia Ceibe na que destaca a inclusión da bandeira vermella xunto á de Galiza e o himno galego xunto á Internacional; e a outra polo PSG e a AN-PG na que se asume como bandeira a de Galiza coa estrela vermella de cinco cabos, sen establecer limitacións para os símbolos, como himno o galego. A proposta aprobada vai ser a segunda, que tamén é apoiada pola UPG. Deseguido, éntrase na elección do nome da organización que até este momento era coñecida como Frente Patriótico, Frente Nacionalista,... Inicialmente son presentadas seis posíbeis alternativas:

(1) POBO UNIDO
(2) FRENTE DE UNIDADE NACIONALISTA
(3) BLOQUE NACIONALISTA GALEGO
(4) FRENTE NACIONALISTA GALEGO
(5) POBO GALEGO UNIDO
(6) GALICIA UNIDA.

A primeira vai ser presentada por Galicia Ceibe que finalmente decide retirala e aposta pola 6. A segunda deféndea o PSG, deixando constancia que de producirse unha segunda votación apoiaría a terceira alternativa (BLOQUE...). A terceira deféndena Lois Diéguez e F. Rodríguez (AN-PG e UPG). A cuarta non se defende pero pasa igualmente a ser votada. A quinta, defendida por Francisco Troitiño, vai ser retirada apostando por GALICIA UNIDA. E finalmente, GALICIA UNIDA é defendida por Encarna Otero. Á quenda das votacións pasan: FRENTE DE UNIDADE NACIONALISTA (PSG), BLOQUE NACIONALISTA GALEGO (AN-PG e UPG), GALICIA UNIDA (Independentes, Galicia Ceibe) e FRENTE NACIONALISTA GALEGO. O nome elixido foi o de BLOQUE NACIONALISTA GALEGO, obtendo 529 votos dun total de 774 votos emitidos, o que supuña o 68,3% do total (tendo en conta que as decisións se adoptaban pola metade máis un, a opción obtivo unha maioría suficiente para evitar unha segunda volta)[229]. Se recordamos a proposta que a AN-PG presentara no seu V Plenario, o nome proposto era o de BLOQUE argumentando o coñecemento do mesmo por parte da maioría dos galegos[230]. Tanto os símbolos como o nome constitúen dous dos compoñentes máis importantes da identidade colectiva da organización. Definidos os principios ideolóxico-políticos, a estrutura organizativa, o nome e os símbolos, só quedaba por discutir a postura ante os procesos electorais.

Sobre a participación nas eleccións preséntanse catro propostas, dúas por escrito e dúas de forma oral (ao non ter constancia por escrito destas faremos un breve resumo do seu contido a partir da información que nos ofrecen as actas da Asemblea):

1) Galicia Ceibe defende a proposta presentada e formula unha solución intermedia "...en aras da necesaria unidade na-

---

229 O resto dos resultados foron: FRENTE DE UNIDADE NACIONALISTA: 142 votos (18,4%); FRENTE NACIONALISTA GALEGO: 0; GALICIA UNIDA: 103 votos (13,3%) e contabilizándose un total de 16 abstencións.

230 Nos documentos analizados, sobre todo a partir de 1981, observamos a utilización da denominación de Bloque para facer referencia á coalición formada pola UPG e a AN-PG, é dicir ao BNPG.

cionalista, e tendo en conta a existencia de posturas participativas de compañeiros e colectivos eiquí presentes..."[231]. A súa postura inicial é a de concorrer aos procesos electorais chamando á abstención, aproveitando a propaganda para denunciar a "situación colonial". A excepción serían as eleccións municipais ás que se concorrería coa finalidade de obter representantes nos concellos e nas deputacións provinciais. En canto á alternativa "intermedia", aceptaríase a participación en todos os procesos electorais sempre e cando os candidatos se comprometeran previamente a que de ser elixidos, tanto para o "Parlamentiño" (Parlamento de Galiza) como para o Parlamento do Estado, "non pisarán en caso algún esas institucións, polo seu carácter colonialista e agresor"[232]. A proposta remata coa defensa da non concorrencia da nova frente ás eleccións xerais de outubro. Era esta, a priori, unha postura moi difícil de asumir para a maioría dos grupos e partidos que participaban na Asemblea.

2) Presentada pola coalición BNPG/PSG, apostando claramente a prol da participación, a súa proposta vai ir dirixida á: "participación electoral en todos os procesos que se poidan producir no futuro, tanto a nivel local, nacional ou estatal [...] conforme aos critérios de actuación activa en todos os frentes para avanzar nos presupostos nacionalistas [...] e impedir a nosa grupusculización[233]". Na mesma proposta fálase das eleccións de outubro destacando que a participación é necesaria para loitar contra o "seudonacionalismo" e para intentar lograr representación en todas as institucións do Estado. Nesta alternativa preséntase a formalización da coalición BLOQUE (BNPG)/PSG como medio para concorrer ás eleccións xerais de outubro, solicitándose na Asemblea o apoio á opción presentada.

3) Unha proposta pensada para curto prazo e defendida de forma oral é a presentada por Ana Cadenas. Nela insístese en

---

231 A opción intermedia é o froito dunha Asemblea extraordinaria celebrada por GC que unirán á *Resolución sobor da política eleitoral de "ABC"* (denominación provisional utilizada para referirse á nova organización), 3 páxinas mecanografadas.
232 Ibidem.
233 *Proposta Electoral BLOQUE-PSG*, 2 páxinas mecanografadas.

que non deben pronunciarse sobre o proceso electoral inmediato por atoparse a organización na súa etapa constituínte.

4) A outra proposta, de carácter oral, é presentada por Rosa Basave ("Arco da Vella"), defendendo que a organización debe facer chamamentos á abstención até que o contexto político e institucional sexa diferente.

Despois da presentación e da defensa de cada unha das propostas pásase ás votacións, obtendo a maioría dos votos a alternativa defendida pola coalición BLOQUE (BNPG)/PSG. Isto supuña que o BNG concorrería ás eleccións de outubro. O rexeitamento da postura de Galicia Ceibe e a decisión de participar nas eleccións con todas as consecuencias que isto implicaba, provoca que GC anuncie na Asemblea a súa decisión (adoptada previamente) de abandonar o proceso constituínte. A esta renuncia séguelle outra na mesma liña do Colectivo Libertario "Arco da Vella", aínda que os motivos aducidos son diferentes, neste caso trátase da non aceptación do nome elixido para a organización por supor un elemento de continuidade co anterior BNPG.

A organización xa estaba constituída, só faltaba a elección do Consello Nacional, principal órgano de dirección interasembleario. Esta función (elixir os membros do Consello Nacional) correspondíalle en parte á Asemblea Nacional, designando a 20 dos 45 integrantes do órgano. Con este fin presentaranse dúas listas, unha defendida pola AN-PG, PSG, UPG e os colectivos de independentes, e a outra por Galicia Ceibe e "Arco da Vella". Os membros electos resultaron ser os da primeira lista xa que as outras dúas organizacións retíranse antes de chegar ás votacións.

Os outros 25 postos serían cubertos polos representantes dos partidos e colectivos que se integran na organización[234]

---

234 Os membros do primeiro Consello Nacional elixidos pola Asemblea fundacional, seguindo a orde establecida nas *Actas*, foron: Alfredo Suárez Canal, Andrés Pérez Iglesias, Francisco Carballo Carballo, Xoán Antonio Pillado, Margarita Vázquez Vera, Xosé Manuel Beiras, Xaime Bello, Lois Eyré Diéguez, Carlos Meixome, Encarna Otero, Mariano Vidal, Eliseo Miguélez, Isidro López Rubio, Enrique Román García, Fernando Cuñarro, Jesús Rodríguez Rilo, María do Carme García Negro, Manolo Martínez, Xosé Francisco Ferreiro, Xoán Carmona Badía. Polos partidos: Mário López Rico e Francisco Trigo (PSG), Bautista Álvarez e Francisco Rodríguez (UPG), e

(coa saída de Galicia Ceibe-OLN, só quedaban a UPG e o PSG), e polos representantes comarcais que previamente terán que ser elixidos en cada unha das asembleas.

A clausura da Asemblea correría a cargo de Xosé Manuel Beiras Torrado, en nome do Consello Nacional do que formaba parte. Até os anos noventa non será elixido formalmente portavoz nacional do BNG[235].

Remataba así o proceso que se iniciara formalmente en maio e que estivo marcado por unha participación importante de certos sectores nacionalistas galegos, cunha presenza cualitativamente importante dos independentes (aínda que tamén o é desde o punto de vista cuantitativo), de feito será un deles, Xosé Manuel Beiras, o que irá asumindo a representación pública da organización[236]. A AN-PG autodisólvese no último intre sendo a súa derradeira actuación oficial a proposta dunha lista de candidatos, xunto co PSG e a UPG, para a elección do Consello Nacional.

O "primeiro BNG" quedaba constituído finalmente por dous partidos: PSG e UPG, unha organización de masas (con carácter sectorial): ERGA e un conxunto de colectivos de Independentes (que, a partir deste momento, e no sentido estrito do termo, deixaban de selo xa que agora eran afiliados dunha organización política, o BNG) que tenderán a reagruparse nun único colectivo.

Introducida a cuestión da afiliación, é necesario deterse un momento nun tema que non queda claro nos principios organizativos orixinarios do BNG e que será completado no desenvolvemento regulamentario posterior. O exposto no principio referente á afiliación danos a entender que será directa, previa

---

un representante de ERGA (Xaquín Fernández Leiceaga); posteriormente os colectivos de independentes nomearán a dous representantes para o Consello Nacional como se constituísen un só colectivo.

235 A información sobre a Asemblea Nacional foi seguida a través das actas da mesma.

236 Sobre a importancia dos independentes no seo do BNG e as concesións feitas por parte da UPG no tocante á cota de representación que lle pertencía pola militancia aportada, sobre todo despois da saída do PSG, é importante o artigo de Ramón Muñiz no nº 204 de *A Nosa Terra*, p. 14. Para ver a posición cuantitativa e cualitativa do colectivo de independentes na organización que nacía en Riazor pódense seguir as conversas con Beiras no traballo de Pillado e Fernán-Vello (1989:226).

solicitude do interesado. O problema está en que non se fai referencia aos afiliados dos partidos, grupos e colectivos que integran o BNG. Neste sentido cobran moita importancia as listas elaboradas polas xestoras de zona que conteñen os datos das persoas participantes a título individual na discusión dos textos refundidos e na Asemblea fundacional. O listado final, resultado da suma de todos os participantes, será a primeira base de afiliados do BNG. No desenvolvemento estatutario dos principios, adoptarase a fórmula pola que "as persoas que militan en Partidos ou Colectivos integrados no BNG deberán estar afiliados ao BNG"[237]. A afiliación na frente será explícita e obrigatoriamente directa. No caso de que sexan membros de partidos ou colectivos integrados na organización non hai outra alternativa que facer o mesmo co BNG, o que supón, para unha parte da militancia, manter unha dobre afiliación que é a que os diferencia dos denominados independentes, unicamente afiliados ao BNG.

A decisión de Galicia Ceibe e do colectivo "Arco da Vella" de abandonar o proxecto no último momento, poderíase interpretar como a consecuencia dunha postura claramente maximizadora da ideoloxía no primeiro caso e maximizadora dos principios asemblearios, no segundo caso. Galicia Ceibe, seguindo o artigo publicado por Xosé García Crego, podería negociar determinados principios básicos pero, de ningunha maneira, aceptaría unha proposta na que se establecese a participación incondicional en todos os procesos electorais. Polo tanto, a saída é a resposta á postura aprobada sobre esta cuestión; por moi democrática que fose, para GC significaba a perda da identidade da organización[238], nunha postura claramente maximizadora da ideoloxía. En canto a "Arco da Vella", que en todo momento estivo moi próxima a Galicia

---

237 *Regulamento do Bloque Nacionalista Galego*, punto 2 ("Dos Partidos e Colectivos"), apartado 4.
238 No número 202 de *A Nosa Terra* publícase unha carta na que a Comisión Permanente de Galicia Ceibe-OLN explica a súa decisión de abandonar a Asemblea de Riazor. A concorrencia aos procesos electorais e a recuperación da denominación de *Bloque* son as principais razóns que manifesta para argumentar a saída.

Ceibe, de feito presentan a lista para o Consello Nacional de forma conxunta, a súa decisión de abandonar a frente ten que ver co nome elixido para a organización, xa que, as evidentes similitudes co nome da coalición que integraran a UPG e a ANPG, Bloque Nacional Popular Galego, relativizaban o carácter novidoso da organización[239]. Ao non cumprirse as súas expectativas dunha organización estritamente asemblearia deciden abandonala. Galicia Ceibe e o colectivo "Arco da Vella" apostan por continuar defendendo os seus proxectos, unha a prol da independencia e a outra nun marco libertario máis en consonancia cos "novos movementos sociais". Os seus postulados tácticos e estratéxicos mantíñanse no plano da radicalidade ideolóxica motivada pola identidade sobre a que se contruíran, que impedía a utilización pragmática da estrutura de oportunidade política que tiñan ao seu alcance.

O Bloque Nacionalista Galego nacía con vocación "aglutinante". Entre os seus obxectivos estaba o de ser a opción de referencia dentro da esfera nacionalista, á que pretendía representar en exclusiva, situándoa como o seu "territorio de caza particular" (Panebianco, 1990:46). Coa celebración da Asemblea de Riazor iniciábase a que poderiamos denominar primeira fase na evolución do BNG, na que se sitúa como principal obxectivo a construción dunha identidade colectiva. Nesta primeira fase, a organización posicionarase nun plano estritamente instrumental para a consecución dos obxectivos orixinarios, dos que xorde a identidade da mesma (Panebianco, 1990:115). Neste senso é moi ilustrativo o subliñado na alternativa política aprobada na Asemblea na que se di que o BNG xorde "...para ser ferramenta útil e positiva para o noso pobo". Esta fase inicial darase por rematada no momento en que a organización comece a institucionalizarse e a identidade xurdirá da existencia da mesma, aínda que os obxectivos

---

239 "Arco da Vella", no momento en que abandona a Asemblea, insiste en que a súa posición é firme "...até que se demostre que na práctica non hai erros pasados". *A Nosa Terra*, nº 202, p. 15.

sempre se intenten manter no horizonte en canto que conformadores do "sistema de solidariedade" (motivacional). Confórmase así unha nova forza nacionalista que recolle da AN-PG os seus principios interclasistas, que estarán representados na utilización constante do concepto de pobo e na defensa dos intereses populares. O rexeitamento dunha emenda proposta pola Xestora de Vigo na que se propuña que o obxectivo final do modelo social da nova organización sería unha "sociedade socialista", subliñaba o interese por ofrecer unha verdadeira opción interclasista. O BNG nacía inspirado polo obxectivo explícito de representar o pobo galego, baseándose nun concepto de nación que incide no sentimento identitario e non nunha clase social concreta, o que supón a ampliación do suxeito (os sectores populares) ao que se pretende representar. A formulación aberta do proceso constituínte sitúase neste esquema, coa finalidade de que a nova organización aglutinase no seu interior todas as opcións nacionalistas e, deste xeito, conformar unha nova opción máis representativa que as anteriores, coa capacidade de competir de maneira máis eficaz no marco institucional. Para garantir esta convivencia definíase como un dos principios identitarios fundamentais o pluralismo ideolóxico, presente en todo o proceso constituínte. O interclasismo e o pluralismo son dous dos principios esenciais que nos axudarán a entender o camiño emprendido polo BNG, tanto na persecución do obxectivo da representación como na reformulación "adaptativa" que supón a súa inserción, a todos os efectos, nun contexto institucional, coa finalidade de conformarse como unha forza política competitiva nun "mercado" no que o radicalismo é rexeitado maioritariamente, con independencia da súa orixe e fin. A lóxica da competición (Kitschelt, 1989) será un dos elementos definidores dunha estratexia máis ampla caracterizada por unha aposta por posicionamentos que moderaban os postulados iniciais, na que se comezará a traballar despois de celebradas as segundas eleccións ao Parlamento de Galiza. A "aceptación" do marco autonómico e da Constitución constitúen o primeiro paso, a pesar de ser cualificada polos dirixentes do BNG como "unha imposición antidemocrática e fascista"[240]. Este cambio (recordemos a negativa ao xuramento por parte dos deputados do BNPG/PSG) irá precedido dunha serie de debates internos, que afectarán sobre todo á UPG, principal protagonista no seo do BNG desde 1983 até 1991 (único partido existente na organización, salvando a excepción do Partido Comunista de Liberación Nacional, pola súa corta vida no interior do BNG), xa que neste caso estaba directamente vinculado coa propia identidade do partido. O debate remata nun conflito que provoca a saída dun grupo importante de militantes da UPG[241]. Producírase un enfrentamento entre a dimensión identitaria, moi arraigada, que non entendía de pragmatismos, e a instrumental-racional, cuxa principal lóxica vai ser a adaptación a un entorno considerado hostil, necesaria para a súa propia supervivencia (Letamendía, 1997). Se analizamos a posición no conflito dos "actores organizativos", podemos establecer dúas categorías principais: a dos defensores da liña "dura" que se aproximarían ao tipo ideal "ideologues" (os que non asumen de ningunha maneira o marco institucional mantendo a "pureza ideolóxica"), e por outro lado, teriamos os defensores da actuación institucional como paso necesario para a supervivencia da organización, e que poderiamos definir como unha "alianza" de actores, próximos aos tipos ideais de "lobbyists" e de "pragmatists" (Kitschelt, 1989).

---

240 *Resolución política do Bloque Nacionalista Galego* aprobada na Asemblea extraordinaria celebrada o día 5 de decembro de 1985 en Santiago. Francisco Rodríguez, un dos protagonistas da evolución da UPG e do BNG, analiza tanto as condicións que levaron a decidir a "promesa de acatar" a Constitución e o Estatuto, e o significado da mesma como as súas repercusións no caso de non producirse, nun artigo publicado no *Terra e Tempo* nº 12 (1999).

241 No Comité Central da UPG prodúcese un interesante debate en novembro de 1984 en relación a este tema, que se enmarcaba nos principios aprobados no IV Congreso sobre a necesidade de ter presenza institucional como un dos planos fundamentais da loita política. Este debate provoca a apertura dunha crise no seo da UPG que desembocará na demisión do seu secretario xeral, Mariano Abalo e que se estenderá á INTG (Xan Carballo, daquela secretario xeral do sindicato). Esta crise dará lugar ao nacemento do "Colectivo 22 de marzo" en 1986, no seo do BNG, que será o xermolo do Partido Comunista de Liberación Nacional (xullo 1986). Este partido, primeiro que nace no seo do BNG, permanecerá na organización até o verán de 1987, data na que é excluído despois do apoio mostrado á candidatura de Herri Batasuna nas eleccións ao Parlamento Europeo.

A partir deste debate, o primeiro de certo calado no seo do BNG (anos 1985-87), a organización comeza a mostrar un carácter flexíbel de cara ao complexo ambiental no que se desenvolve. Esta flexibilidade concretarase nunha clara "adaptación", sobre todo na década dos noventa, que vai en consonancia coa posición competitiva que adquire o Bloque no sistema de partidos de Galiza. Recordemos o que diciamos no apartado introdutorio cando falamos dos elementos que interveñen na adopción dunha ou doutra estratexia por parte das organizacións políticas, en consonancia coa súa posición no sistema de partidos. De todos os xeitos, o fin orixinal do BNG sempre será mantido e reafirmado, por residir nel a súa propia lexitimidade. As estratexias seleccionadas teñen como fin garantir e estabilizar a organización, sen diminuír en ningún caso o proxecto de traballo para acadar o fin orixinal (Panebianco, 1990) –a autodeterminación–. A flexibilidade da que antes falamos vai ir presentando ao BNG como unha "opción posíbel" para unha parte importante do electorado, non necesariamente nacionalista, iniciándose así a que poderiamos denominar fase "instrumental-racional" pola que as reivindicacións se xeneralizan máis aló do grupo étnico-identitario orixinal (nun sentido subxectivo) ao que se dirixían (Letamendía, 1997)[242]. Estes feitos van parellos ao proceso de institucionalización do Bloque (que se iniciará coas medidas adoptadas na III Asemblea Nacional celebrada no Carballiño en febreiro de 1987)[243] que vai provocar un impulso desde

---

242 A evolución do BNG podería interpretarse como o paso dunha organización con vocación de ser "creadora de identidades" a unha organización que se introduce na dinámica do que se coñeceu como partido *atrápao todo, (catch-all party)* [Kirchheimer, 1966) como expresión máxima da organización política que se rexe plenamente pola lóxica da competición. Esta cuestión, que só queda citada, suxire un tema importante que será tratado con detemento na nosa tese de doutoramento sobre o BNG e a súa evolución organizativa.

243 Debemos sinalar que é nesta Asemblea onde o Consello Nacional do BNG realiza unha "autocrítica" polo funcionamento organizativo nos anos que van desde a súa fundación. Entre as decisións adoptadas destaca o impulso á Permanente do Consello Nacional, que nunca funcionara, provocando a sobresaturación do Consello Nacional xa que tiña que ocuparse de todas as súas funcións estatutarias e de "temas puntuais meramente executivos" que, polas súas características, poderían ser delegados na Permanente. Sen dúbida, a Asemblea do Carballiño supuxo o "paso necesario" para o proceso de institucionalización do BNG.

dentro para que a flexibilidade sexa máis real. A raíz deste proceso constatamos, desde unha perspectiva analítica, a existencia de dúas vertentes organizativas (Vilas, 1995): unha interna (como organización de afiliados, onde uns son "gobernantes" e outros son "gobernados") e outra externa (como organización de goberno)[244].

Non son só condicionantes de carácter externo os que provocan que o BNG se vaia "adaptando", senón que tamén existen presións internas que pulan polo mesmo fin, quizais como resultado dun permanente cálculo estratéxico cuxos resultados foron moi positivos tanto en termos electorais como no referido á súa implantación social. Se ben é certo que estas conclusións só poden ser obtidas desde unha análise en perspectiva temporal, xa que sería imposíbel predicir nos primeiros anos a posición que se chegou a acadar. A evolución do BNG pode interpretarse dentro dun complexo decisional superposto e constrinxido polas decisións adoptadas sempre no marco dun "legado histórico" que, ao mesmo tempo, constrúen (Perkins, 1996). Pero, do mesmo xeito, esas decisións son tomadas nun contexto institucional que inflúe claramente ás mesmas (Ware, 1996). Atopámonos pois, cunha organización que se sitúa nun proceso de intercambio permanente co entorno no que está inmersa, fundamental para entendela en canto que estrutura aberta. Hai que ter presente que no seu interior se desenvolven procesos decisionais nos que se enfrentan unha multiplicidade de intereses, que finalmente deben desembocar nunha única postura defendida pola organización.

Os primeiros pasos do BNG

As primeiras sesións do Consello Nacional do BNG celebradas o día 30 de outubro, e os días 6 e 20 de novembro de 1982, estarán dirixidas á articular internamente a organización e a programar as súas primeiras actividades públicas. En canto á estruturación interna decídese acelerar o proceso de constitu-

---

244 Estas dúas facetas, cun claro carácter analítico, proceden da síntese das tres "caras" da organización, como organización burocrática, como organización de afiliados e como organización de goberno, formuladas por Katz e Mair (1992).

ción das asembleas comarcais e dos seus respectivos consellos co obxectivo perentorio de conformar completamente o Consello Nacional cos representantes elixidos nas comarcas. Establécense dezaseis consellos comarcais que deberían estar constituídos plenamente antes do día 5 de decembro co fin de celebrar a primeira xuntanza do Consello Nacional ao completo o 11 de decembro. O desenvolvemento dos principios organizativos expostos na Asemblea fundacional será un dos traballos fundamentais que terá ocupado ao Consello Nacional nos primeiros anos de vida da organización, e que se completará co complexo labor de organizar e articular todos e cada un dos órganos do Bloque, tanto a nivel nacional como comarcal e local, unha tarefa que se facilitaría coa utilización da infraestrutura que a AN-PG e a UPG puxeran á disposición da organización. A UPG en tanto que único partido organizado no BNG será a quen lle corresponderá poñer todos os seus esforzos na organización do mesmo[245].

En canto aos primeiros actos públicos, destaca a campaña a prol dos "países árabes progresistas" (Palestina, Libia e Siria), coa celebración na cidade da Coruña dun conxunto de actos nos que interveñen representantes destes países. Outra frente de actuación será a defensa das liberdades democráticas e a demanda da amnistía para os presos políticos, celebrándose actos os días 14, 15 e 16 de decembro (mesas redondas na Coruña, Vigo e Santiago). Sen saír do ámbito da defensa das liberdades democráticas, celébranse actos de solidariedade cos deputados do BNPG/PSG e preséntanse dous recursos xudiciais pola retirada dos seus dereitos parlamentarios (que se produce o 23 de novembro): un ante o Tribunal Constitucional e outro, xunto con Herri Batasuna, ante o Tribunal Internacional da Haia. Seguindo coas reivindicacións realízanse comunicacións de apoio aos mestres/as que son expedientados polo mero feito de ensinar en galego[246].

---

245 Sobre a posta en funcionamento do BNG así como as liñas directrices aprobadas pola UPG en relación co mesmo, véxanse os documentos do IV Congreso da UPG (16, 17 e 18 decembro 1983, Santiago), pp. 11-12 e 29-30 fundamentalmente.
246 *A Nosa Terra*, nº 207-208, p. 10.

5. As ELECCIÓNS XERAIS DE 1982. Os PRIMEIROS PROBLEMAS NO BNG. AS ELECCIÓNS MUNICIPAIS E A REESTRUTURACIÓN DO PANORAMA NACIONALISTA GALEGO

5.1. AS ELECCIÓNS XERAIS DE 1982

O día 28 de outubro de 1982 celébranse as eleccións ás Cortes Xerais. A coalición Bloque (BNPG)/PSG (na que estaría representado o BNG) e o partido Esquerda Galega son as únicas forzas nacionalistas que concorren a estes comicios. O Partido Galeguista non se presenta alegando dificultades económicas[247], Galicia Ceibe-OLN e a Asamblea de Nacionalistas Galegos tampouco presentan candidaturas e deciden levar a cabo unha campaña solicitando a abstención, en consonancia coa liña defendida na Asemblea de Riazor.

As listas presentadas por cada unha das forzas van ter importantes novidades. A coalición Bloque (BNPG)/PSG presenta como cabezas de lista a Xosé Manuel Beiras pola Coruña, a Eduardo Gutiérrez por Lugo, a Alfredo Suárez Canal por Ourense e a Francisco Carballo por Pontevedra. A candidatura de Beiras, sen dúbida a principal novidade, anunciaba a súa volta á política activa despois de cinco anos de ausencia. Nas listas de Esquerda Galega é de subliñar a presenza dalgúns destacados integrantes do Grupo de Nacionalistas de Esquerdas, como Manuel Castiñeira (segundo na lista ao Congreso por Lugo) e Pedro Luaces (candidato ao Senado), na provincia de Ourense, dos sete candidatos ao Congreso, cinco pertencen á Unión Socialista Galega[248].

---

247 O PG celebrará o seu III Congreso en Lugo os días 11 e 12 de decembro de 1982. Un dos principais temas de debate será a débeda do partido que ascendía a perto de dez millóns de pesetas (*A Nosa Terra*, nº 209, pp. 7 e 23). Neste Congreso prodúcese a elección de Xosé H. Rodríguez Peña para o cargo de secretario xeral e a de Indalecio Tizón como vicesecretario (novo cargo en substitución da anterior presidencia), reelixíndose a Ramón Martínez como presidente de honra do partido.
248 *La Voz de Galicia*, 27-09-1982, p. 40.

Na campaña electoral prodúcese un feito peculiar, a coalición Esquerda Revolucionaria, formada pola Liga Comunista Revolucionaria e o Movemento Comunista de Galicia, fai público un comunicado pedindo o voto para o Bloque/PSG utilizando o seguinte lema: "Para reforzar a unidade da esquerda consecuente, nós votaremos Bloque-PSG"[249].

Os resultados electorais representan unha baixada importante do apoio ao nacionalismo galego, tendo como referencia os resultados das xerais de 1979. O Bloque/PSG obtén 38.522 sufraxios frente aos 64.106 de 1979, e EG consegue 22.201 votos frente aos 58.036 que acadara UG en 1979. Era esta a primeira ocasión na que EG concorría a unhas eleccións xerais. En conxunto, o nacionalismo galego obtivo 60.723 votos, frente aos 123.142 acadados nas xerais de 1979, unha cifra que non representaba nin a metade dos sufraxios conseguidos[250]. A coalición Bloque/PSG foi a gran perdedora. A negativa dos seus deputados a xurar a Constitución no Parlamento de Galiza podería ser unha das causas deste descenso nos seus apoios, así como a novidade do proceso que se estivera a desenvolver ao longo do ano, todo isto unido a un contexto político estatal no que se produce o fracaso da Unión de Centro Democrático e a concentración do voto de centro e de esquerda no PSOE, que lle outorgaría a primeira maioría absoluta no Congreso dos Deputados.

Ante estes resultados, as valoracións dos partidos e coalicións nacionalistas participantes non foron moi positivas, pero tampouco moi críticas coa actuación seguida até o momento. A máis crítica foi a de Galicia Ceibe-OLN que, subliñando a campaña seguida por HB de boicot, facía un novo chamamento para "reemprender o camiño do combate, da claridade, do enfrentamento sen concesións". O Consello Nacional do BNG celebra unha xuntanza coa finalidade de analizar os comicios e os resultados. Deste encontro sae un dos primeiros documentos oficiais do BNG[251] no que se insiste en tres elementos que axudan a entender os resultados: 1) a convocato-

---

249 *A Nosa Terra*, nº 203, p. 6.
250 Para consultar os resultados destas eleccións en Galiza véxase a táboa 5 do Apéndice I.
251 Documento publicado no nº 210 de *A Nosa Terra*, p. 10.

ria de eleccións anticipadas aféctalles de forma considerábel xa que houbo tempo suficiente para preparar a campaña nin para darse a coñecer, 2) a polarización do voto entre a esquerda e a dereita como consecuencia do fracaso de UCD, e 3) o contexto atípico marcado polo intento de golpe de estado de febreiro de 1981. A análise remata cun chamamento para asumir a responsabilidade de iniciar un camiño de unidade que axude a conseguir os obxectivos defendidos polo BNG. A UPG explica os resultados botando man da situación á que deron lugar os sucesos do 23 de febreiro de 1981, o "medo" apostou por unha resposta pragmática a favor da "democracia" e contra o "golpismo". Xosé Manuel Beiras subliñaba que os resultados entraban dentro do previsto desde o momento no que se produce o adianto das eleccións, insistindo en que eran a expresión dun voto maiormente "alienado", sobre todo o que recibe o partido que acada a maioría dos votos en Galiza, Alianza Popular. Remata sinalando que as eleccións eran só un dos planos de actuación do nacionalismo na sociedade pero non o exclusivo[252].

5.2. BNG, PSG E COLECTIVO SOCIALISTA

Ao pouco de celebrarse as eleccións xorden no PSG un conxunto de voces críticas a respecto da nova organización, procedentes fundamentalmente dos militantes de Vigo e da Coruña[253]. No plenario do partido celebrado o día 14 de novembro de 1982 con intención de analizar os comicios, póñense de manifesto estas críticas, que van dirixidas, nun principio, contra do nome adoptado xa que estaba vinculado directamente co BNPG[254]. En realidade, o conflito interno xorde pola

---

252 *A Nosa Terra*, nº 205, pp. 12-14.
253 *A Nosa Terra*, nº 206, p. 7.
254 A posición crítica partía da vulneración da "clausula de salvagarda" establecida no III Congreso do partido na que se dicía o seguinte: "O PSG evitará que as denominacións das plataformas que se constituian sexan ou poidan ser identificadas con posturas non asumidas polo PSG ou identificadas con organizacións pre-existentes". Recordemos que na Asemblea de Riazor os representantes do PSG propoñen o nome de Frente de Unidade Nacionalista, subliñando que no caso de non prosperar apoiarían a proposta da AN-PG. O sector crítico responsabilizará desta deci-

existencia de dúas interpretacións dos acordos aprobados no III Congreso do partido, a da secretaría colexiada e a do sector crítico. Esta situación conduce á convocatoria dun congreso extraordinario para debater con carácter de urxencia a política táctica do partido e a súa participación no Bloque Nacionalista Galego.

Ao Congreso, que finalmente é celebrado o 15 de xaneiro de 1983 en Santiago, preséntase unha única ponencia estruturada en tres partes: unha primeira na que se analizan as eleccións de outubro e o novo contexto político aberto con elas, onde se fai unha crítica ao proceso de constitución da organización unitaria do nacionalismo e ao seu resultado, insistindo na non adecuación do proceso aos principios aprobados polo PSG no seu III Congreso celebrado en Lugo. A segunda parte dedícase a analizar a situación do PSG desde a constitución do BNG, denunciando unha perda considerábel da autonomía política do partido polo seu sometemento "ás decisións tomadas nunha organización externa"[255], concluíndo coa necesidade de non ratificar os acordos aprobados na Asemblea de Riazor. Na terceira parte inclúense un conxunto de principios que deberían rexer a relación do PSG co BNG, insistindo en que os afiliados do partido continuarían sendo membros individuais do BNG. Rematan cunha proposta para concorrer ás eleccións municipais nunha coalición que estivese formada polo PSG, a UPG e o BNG, e que adoptase un novo nome con fins electorais[256]. Esta cuestión deixábase para resolver nun plenario previsto para finais de febreiro.

En liñas xerais, o sector crítico apostaba pola reformulación da Mesa de Forzas Políticas a modo de plataforma de partidos na que existise unha Asemblea que participase ao mesmo nivel que as outras forzas e na que estivesen integrados a título individual todos os afiliados dos partidos da plataforma. Un deseño que, esencialmente, retomaba a proposta que o PSG defen-

---

sión ás persoas que ocupan a dirección do PSG no proceso constituínte.

255 Partido Socialista Galego: *Ponencia aprobada no Congreso Extraordinario*, 15 de xaneiro de 1983, Santiago, p. 8.

256 PSG: *Ponencia aprobada no Congreso Extraordinario*. Especialmente pp. 12-14.

dera para a reformulación do Consello de Forzas Políticas Galegas a finais de 1976[257].

A ponencia é aprobada pola maioría dos votos dos asistentes. No momento das votacións percíbese claramente a existencia de dous grupos con posturas moi diferentes dentro do PSG, un deles partidario de seguir no BNG respectando os acordos ratificados na Asemblea de Riazor, no que destacaban Mario López Rico, Francisco Trigo e Eduardo Gutiérrez, grupo que nada tivera que ver coa convocatoria do congreso; e outro que estaba encabezado por Claudio López Garrido, Domingos Merino e Lois Calvo Teixo, autor da convocatoria e da polémica ponencia[258]. No Congreso elíxense os membros da Secretaría Colexiada que se renovaría completamente, quedando conformada por Claudio López Garrido (que volvía desempeñar un cargo na dirección do partido), Domingos Merino, Lois Catoira, Xosé Paz, Lois Mazás, Miguel Casteleiro e Lois Calvo.

O grupo partidario de permanecer no BNG forma o chamado Colectivo Socialista Galego, encabezado por Mario López Rico, Francisco Trigo e Eduardo Gutiérrez, tres dos integrantes da Secretaria Colexiada que dirixira o PSG desde o III Congreso. Como consecuencia desta "escisión" unha parte da militancia do PSG abandona o partido e pasa a engrosar as filas do novo colectivo. Isto orixina un cambio importante na "coalición dominante" do PSG, que vai supor o enfrentamento de dous proxectos moi diferenciados na forma (e incluso no fondo) de entender a unidade nacionalista.

Despois da saída do PSG da estrutura frentista, os únicos factores que evitan que se estableza un paralelismo entre a AN-PG e o BNG son os colectivos de independentes presentes no BNG (que estaban integrados nun número importante por ex-militantes da UPG e da AN-PG) e, fundamentalmente, a

---

257 "A voltas coa unidade", Lois Calvo Teixo (Secr. Prensa do PSG), *A Nosa Terra*, nº 216, p. 10.

258 Nunca foi totalmente esclarecida a cuestión do número de militantes que apoiou a cada sector. Os membros do grupo que constitúe o Colectivo Socialista afirman que eran o cincuenta por cento dos integrantes do partido mentres que o outro sector defende que a súa posición era a maioritaria entre a militancia. A verdade é que nunca se produciu un conflito polas siglas entre os dous sectores.

presenza do Colectivo Socialista Galego. A UPG, que sempre fora criticada por aspirar a ser o "partido único", quedaría como o único partido na frente aínda que, nesta ocasión, sen pretendelo.

A nova dirección do PSG recuperará o proxecto que se debatera en 1980 sobre a posibilidade da fusión co POG (agora Esquerda Galega). A partir das eleccións municipais de 1983 e concretamente a finais do mes de xuño, inícianse unha serie de contactos entre a Secretaría Colexiada do PSG e a Dirección Nacional de EG co obxectivo de analizar a situación do nacionalismo e de concretar a fusión de ambas organizacións. Iniciábase así unha nova reestruturación no panorama político do nacionalismo galego.

5.3. AS ELECCIÓNS MUNICIPAIS DE 1983

Coa convocatoria das eleccións municipais as forzas políticas comezan a traballar na elaboración das súas listas e, nalgúns casos, a negociar entre elas para acadar acordos.

O BNG, que concorre a estas eleccións coa denominación de "Coalición Eleitoral Bloque Nacionalista Galego"[259], vai presentar listas en 100 concellos, 67 menos que o BNPG en 1979. As crises producidas no seo do Movemento Nacional Popular Galego entre 1981 e 1982 dan conta da súa intensidade na significativa redución do número de candidaturas presentadas, que se percibe claramente na provincia de Ourense (15 listas frente a 49 de 1979) e na de Lugo (27 frente a 41).

O PSG e EG concorren a estas eleccións como dous dos herdeiros da mal parada coalición Unidade Galega que tanto éxito tivera nos comicios de 1979. Esquerda Galega presenta listas en 34 concellos: 21 na provincia da Coruña, 10 na de Pontevedra, e 3 na de Lugo (fundamentalmente integradas por membros do Grupo de Nacionalistas de Esquerdas). O Partido

---

259 Unha forma xurídica que se mantén até a VII Asemblea Nacional (decembro de 1995), momento no que se decide a súa inscrición como asociación política. Este feito suporá o recoñecemento da personalidade xurídica do BNG, situándose no mesmo nivel que os partidos políticos, sen implicar o abandono da súa definición frentista desde o punto de vista organizativo e discursivo.

Socialista Galego estaba inmerso nunha fonda crise interna que se irá agravando despois da negativa do Consello Nacional do BNG a formar unha coalición ao estilo do BNPG como propuxera o PSG no seu Congreso extraordinario, e que rematará coa celebración dun plenario o 27 de febreiro no que se acorda a concorrencia en solitario, provocando o abandono dun sector importante da militancia do partido que decide maioritariamente continuar no BNG, e, consecuentemente, a perda de candidatos para as eleccións[260]. O PSG tamén intentará negociar coa ANG un acordo para presentarse conxuntamente nos concellos nos que ambos tiveran presenza, utilizando unha denominación ou a outra en función da presenza que tivesen en cada un deles[261]. A apertura destes contactos provocou unha división interna na ANG xa que, con anterioridade, adquirira un compromiso con Galicia Ceibe para concorrer conxuntamente. Finalmente, o PSG só consegue conformar 15 candidaturas, 10 en Ourense, 4 na Coruña e 1 en Pontevedra.

Galicia Ceibe impulsa as denominadas candidaturas de Unidade Popular (CUP), integradas por afiliados de GC e por independentes que, finalmente, só se presentan nos concellos de Pontevedra e Vigo.

A gran novidade destas eleccións é a protagonizada pola coalición que se forma a partir da disolución da UCD en Galiza, producida en febreiro de 1983. A coalición estará formada inicialmente por "Centristas de Ourense" de E. Gómez Franqueira e por un sector importante do Partido Galeguista liderado polo seu secretario xeral, Xosé H. Rodríguez Peña. Aos poucos días de ser constituída, unha nova formación denominada Converxencia de Independentes de Galicia (CIGA), formada tamén como consecuencia da desaparición da UCD, solicita a súa entrada na nova experiencia centrista. A forza resultante denominarase Coalición Galega, concorrendo aos comicios municipais con candidaturas nas que se xuntan as siglas das principais formacións que a integran en cada provin-

---

260 *A Nosa Terra*, nº 216, p. 7.
261 No marco dos contactos establecidos coa ANG hai que subliñar as conversas mantidas con Manuela Fraguela (concelleira en Santiago) e Teresa Conde-Pumpido (concelleira en Vigo).

cia. Na da Coruña farao como Coalición Galega (CG-CIGA) ou CG (PG-CIGA), na de Lugo como CG (PG-CIGA) e na de Ourense como CG (PG-CG). A provincia de Pontevedra é a excepción ao concorrer por separado o PG e a CIGA debido aos problemas xurdidos no momento de elaborar as candidaturas (Márquez, 1995). En total a coalición presenta 147 candidaturas que se unen ás 28 da CIGA e ás 13 do PG en Pontevedra.

Polo que respecta aos resultados electorais, o BNG obtén 50.511 votos e 116 concelleiros. Se comparamos as cifras coas acadadas polo BNPG en 1979 observamos un descenso de perto de 28.000 sufraxios (en 1979: 78.417) e de 146 representantes menos (en 1979: 262), un resultado que se debe en parte ao menor número das listas presentadas. A organización non consegue representación en ningunha das sete grandes cidades. O PSG acada a cifra de 7.120 votos e 21 concelleiros, datos que poñen de manifesto a importante crise na que estaba inmerso o partido. En canto a Esquerda Galega, as cifras redúcense a 19.165 votos e 22 concelleiros, localizados fundamentalmente nas provincias de Pontevedra e da Coruña. A alternativa impulsada por Galicia Ceibe, Candidatura de Unidade Popular, obtén 996 votos (814 en Vigo e 182 en Pontevedra). A gran vencedora entre as forzas estritamente galegas foi Coalición Galega, acadando a cifra de 170.428 votos[262] e 875 concelleiros (engloban os obtidos pola coalición e tamén os que obteñen cada unha das forzas por separado na provincia de Pontevedra) o que representaba o 13,92% do voto total a candidaturas. Coalición Galega consegue ocupar a maioría dos cargos institucionais da provincia de Ourense (maioría absoluta na Deputación con 13 deputados dun total de 25) obtendo tamén unha importante implantación na de Lugo (6 deputados provinciais dun total de 25). Os resultados débense fundamentalmente ao control da rede que servira anteriormente como base á UCD en Galiza[263].

---

262 Os datos electorais destes comicios inclúense na táboa 6 do Apéndice I.
263 Unha análise da composición do voto a cada unha das opcións nos procesos electorais autonómicos pódese consultar no artigo de Vilas Nogueira (1992). O apoio electoral a CG explícase fundamentalmente por ser un voto "ex-ucedeo", represen-

5.4. A REESTRUTURACIÓN DO PANORAMA NACIONALISTA GALEGO

Un dos feitos que destacamos desde a creación do BNG, e máis concretamente desde a convocatoria das eleccións municipais, é o chamamento realizado polo secretario de prensa de Galicia Ceibe[264] (Méndez Ferrín) para a formación dunha "Mesa Consultiva" entre as forzas políticas nacionalistas galegas que aglutinase tamén a colectivos e grupos de independentes e incluso a partidos "rupturistas" de implantación estatal. Esta mesa tería como primeiro obxectivo as eleccións municipais, presentando unha candidatura conxunta cun nome que non significase a "imposición da historia dunha das partes ao todo" (en clara referencia ao nome do Bloque). O punto de partida deste comunicado era o rexeitamento do BNG como a "Frente Patriótica" que pretendera ser. Polo que xa vimos no apartado anterior, o chamamento non pasa do papel, pero sírvenos para introducir unha nova etapa no nacionalismo galego contemporáneo.

Ao longo de 1983 prodúcense tres procesos que merecen ser destacados no panorama nacionalista galego:

1) A fusión do PSG e de EG, dando como resultado a formación do partido PSG-EG. Os contactos para a fusión iníciance oficialmente cunha xuntanza celebrada o 28 de xuño de 1983 na que se discuten os documentos presentados polas dúas organizacións. Nestes documentos analízase a situación do nacionalismo galego naquel momento e a conveniencia da fusión entre ambos. Aínda que as diferenzas entre os dous partidos son moi claras en temas como a aceptación da autonomía e das súas institucións, a entrada no Mercado Común Europeo ou mesmo a posibilidade de cooperación co BNG, convocan os seus respectivos congresos para decidir sobre a posibilidade da fusión. Primeiro celebrouse o do PSG, nos días ‑

---

tando o voto nacionalista unha porcentaxe moi baixa do total recibido pola coalición. Unha análise da inestabilidade do voto de CG pode verse no libro de Sequeiros (1990).

264 Este chamamento publícase baixo o título de "Por un desbloqueo con fututo: viva o debate!" pode consultarse no nº 212 do semanario *A Nosa Terra*, p. 10.

5 e 6 de maio de 1984, e a decisión final foi a da fusión a pesar das moitas reticencias que se mostraron; despois reúnese o de EG, o día 12 de maio, e nel a decisión foi practicamente unánime a favor da fusión[265]. Este proceso rematará coa celebración do Congreso constituínte do Partido Socialista Galego-Esquerda Galega o 24 de xuño de 1984. Camilo Nogueira e Claudio López Garrido ocuparán un lugar fundamental en todo o proceso de fusión.

2) Comézase a traballar dentro de Coalición Galega coa intención de formar un partido. Despois dos bos resultados acadados nas eleccións municipais, as partes integrantes da coalición, lideradas por Euloxio Gómez Franqueira (que fora membro da Federación de Mocedades Galeguistas) e Centristas de Ourense, celebran unha serie de reunións onde se discute a posibilidade de converter a coalición nun partido. O 24 de outubro de 1983 o Partido Galego Independente[266], Centristas de Ourense, Converxencia de Independentes de Galicia e o sector maioritario do Partido Galeguista[267] confirman a súa intención de camiñar cara á fusión de todos os grupos nun único partido. O Congreso constituínte do partido Coalición Galega celébrase os días 26 e 27 de maio de 1984 no Círculo Mercantil de Vigo. Antonio Díaz Fuentes e Xosé H. Rodríguez Peña ocuparán os principais cargos, o primeiro como presidente e o segundo como secretario xeral . O novo partido definíase como centrista, democrático, autonomista e pragmático[268]. Esta nova opción, cos cambios que se producirán a partir de 1985 (a en-

---

265 *A Nosa Terra*, nº 246, p. 4.

266 O PGI fora creado en 1976 en torno á figura de Xosé Luís Meilán Gil, e logo da súa integración no proxecto UCD, foi reconstituído a primeiros de 1983 presentando candidaturas nas eleccións locais de 1983 en 21 concellos da provincia da Coruña, nos que consegue situar 40 concelleiros.

267 O 19 de febreiro de 1984 celébrase un congreso extraordinario do PG en Vigo co obxectivo principal de decidir a conveniencia da integración no novo proxecto de Coalición Galega. A decisión maioritaria, aínda que só por catro votos de diferencia (92 frente a 88), foi a da integración en CG e a inmediata disolución do partido. Esta decisión non será apoiada polo sector "histórico" representado por Avelino Pousa Antelo e Manuel Beiras, entre outros, que aceptaban unha federación de partidos pero nunca a disolución (*A Nosa Terra*, nº 240, p. 4). Este grupo decidirá continuar co proxecto inicial do PG. Ante os problemas que xorden sobre a titularidade das siglas decidirán cambiarlle o nome por Partido Galeguista Nazonalista (PG-N).

fermidade de Franqueira provoca unha loita sucesoria interna que desemboca na escisión dun grupo importante liderado por Victorino Núñez e localizado na provincia de Ourense)[269], vai protagonizar a maioría dos acontecementos que se produciron na escena política galega até as eleccións autonómicas de 1989.

3) Prodúcese o abandono dunha parte importante da militancia de Galicia Ceibe-OLN, permanecendo un grupo de militantes favorábeis ao mantemento de posicións radicais. Despois das eleccións municipais, Galicia Ceibe celebrará o seu V Plenario Nacional os días 4 e 5 de xuño en Vigo. Neste Plenario maniféstase o desánimo producido pola negativa a formar unha plataforma entre os nacionalistas con motivo das eleccións municipais e márcase o terreo sindical como principal liña de actuación. A este Plenario sucédelle outro que se celebra o 26 de novembro do mesmo ano no que dezasete militantes da organización (entre os que se atopaba Méndez Ferrín) presentan a proposta de autodisolución de Galicia Ceibe pola súa pouca implantación social e a súa reducida operatividade[270]. Este grupo, ante a decisión maioritaria de non disolver a organización, decide abandonala e dedicarse en exclusiva ao terreo sindical. Neste Plenario tamén se adopta por maioría o cambio do nome da organización polo de Galiza Ceive-OLN. Entre os integrantes da nova dirección elixida atópase Antom Arias Curto que pasará a ser un dos homes máis representativos da organización. Este dirixente a partir de 1985, será un dos principais organizadores do Exército Guerrilheiro

268 Aínda que a primeira etapa de Coalición Galega nos levaría a concluír que non era un partido nacionalista galego, destacámola fundamentalmente pola presencia do PG no seu seo e tamén porque é un partido estrictamente de ámbito galego. É destacábel a escisión que se producirá en CG en 1987 protagonizada principalmente polo sector procedente do PG e que daría lugar á formación do Partido Nacionalista Galego que, en decembro de 1988, rematará fusionándose co PG-N (o sector que permanecera fóra de CG) nacendo o PNG-PG (partido que desde 1991 está integrado no BNG).
269 Victorino Núñez crea Centristas de Galicia, grupo que posteriormente se integrará en Coalición Popular. Sobre a formación e a disolución de UCD en Galicia e a posterior creación e evolución de Coalición Galega, véxase, De Juana, Prada e Soutelo, 1996. Sobre o nacionalismo centrista ver, Quintana, 1995 (especialmente pp. 7-9).
270 *A Nosa Terra*, nº 235, p. 5.

do Povo Galego Ceive (EGPGC). Desde este momento a esquerda independentista iniciará un camiño caracterizado por unha excesiva proliferación de siglas, consecuencia dos enfrentamentos que se producen no seu interior. Como feito máis destacado podemos subliñar a constitución, en marzo de 1988, da Frente Popular Galega (FPG), na que confluirán a maioría dos colectivos e organizacións independentistas entre as que estará Galiza Ceive.

Quedaba pois establecido, entre 1982 e 1984, un novo panorama político conformado por organizacións de implantación estatal (AP, PSOE, PCG, etc), e por organizacións estritamente galegas que representaban todas as opcións posíbeis desde o independentismo até o "autonomismo": Galiza Ceive-OLN, BNG, PSG-EG e CG.

6. BIBLIOGRAFÍA

Acuña, Xosé E. (1999): "Tempos daquela esquerda que vivemos", en Terra e Tempo, n° 9/10 (Título: *Os non nacionalistas na Galiza*), pp. 34-41.

Alfonso Bozzo, Alfonso (1976): *Los partidos políticos y la Autonomía de Galicia (1931-36)*. Madrid: Akal.

Alonso Fernández, Bieito (1999): *Breve historia do nacionalismo galego*. Vigo: A Nosa Terra.

Álvarez, Bautista (1999): "O Nacionalismo Galego nos anos da Transición", en Terra e Tempo, n° 12 (Título: *35 anos da UPG ao servizo da Terra*), pp. 19-21.

Álvarez Junco, José (1994): "Movimientos sociales en España: del modelo tradicional a la modernidad postfranquista", en Laraña, Enrique e Joseph Gusfield (eds.): *Los nuevos movimientos sociales. De la ideología a la identidad*. Madrid, CIS.

AN-PG (1975): *Documento Político-Ideolóxico da Asamblea Nacional Popular Galega*. AN-PG.

—— (1977): *Informe da Direción Nacional.II Plenario. Estatutos*. AN-PG.

—— (1979): *O pobo galebo unido frente aos monopolios e ao colonialismo. IV Plenario AN-PG*. Santiago: Edicións Ceibe.

—— (1982): *V Plenario Nacional*. Documento mecanografado.

Arias, Pedro e Miguel Cancio (1999): *Las elecciones en Galicia, 1977-1997: de la hegemonía centrista a la competencia tripartidista*. Santiago: Tórculo.

Barrenechea, E. (1978): *Objetivo Canarias*. Barcelona: Dopesa.

Beramendi, Xusto G. (1991): "El Partido Galleguista y poco mas. Organización e ideologías del nacionalismo gallego en la II República", en Beramendi, X.G e R. Máiz.: *Los nacionalismos en la España de la II República*. Madrid: S. XXI, pp. 127-170.

(2000): "Bloque Nacionalista Galego. As incertezas do éxito", en Tempos Novos, xaneiro 2000, pp. 62-66.

Beramendi, Xusto G. e X. M. Núñez Seixas (1996): *O nacionalismo galego*. Vigo: A Nosa Terra.

Bloque Nacionalista Galego (1982): *Principios políticos e organizativos*. Bloque Nacionalista Galego.

—— (1984-85): *II Asamblea Nacional. Asamblea Extraordinaria. Resolucións Políticas*.

—— (1987): *Ponencias da III Asamblea Nacional*. Documento mecanografado.

Caamaño Suárez, Manuel (1988): *Galicia como Responsabilidade (Escritos e Discursos /1970-1986)*. Sada: Edicións do Castro.

Caciagli, Mario (1986): *Elecciones y partidos en la transición española*. Madrid: CIS.

Castro, Xavier (1985): *O galeguismo na encrucillada republicana..* 2 Vols. Deputación de Ourense.

—— (2000): *Castelao e os galeguistas do interior. Cartas e Documentos 1943-1954*. Vigo: Galaxia.

Costa Clavell, X.(1997): *Las dos caras de Galicia bajo el franquismo*. Madrid: Cambio 16.

Chao, R. (1976): *Después de Franco, España*. Madrid: Ediciones Felmar.

De Juana López, J., J. Prada Rodríguez, e R. Soutelo Vázquez (1996): "Transición y élites políticas: el nacimiento de Coalición Galega en Ourense", en Tusell, J. et alli.: *Historia de la Transición y de la consolidación democrática*. Madrid: UNED/UAM, vol. I, pp. 475-495.

De Winter, Lieven e Huri Türsan [eds.] (1998): *Regionalist Parties in Western Europe*. Londres: Routledge.

Del Caño, X. M. (1990): *Conversas con Manuel María*. Vigo: Xerais.

Diéguez Vázquez, Lois (1999): "Os anos críticos e decisivos (1980-1982)", en Terra e Tempo, nº 12, pp. 37-39.

Duverger, Maurice (1951): *Les partis politiques*. París: Librairie Armand Colin. Edición en español: *Los partidos políticos*, México, FCE, 1990.

Epstein, Leon (1980): *Political Parties in Western Democracies*. London: Pall Mall.

Gaciño, J.A. e M. Rivas (1980): *Informe dunha frustración: as claves do proceso estatutario galego*. A Coruña: Edicións do Rueiro.

Garcia, Domingos A. (coord.): *Para umha Galiza independente. Ensaios testemunhos, cronología e documentaçon histórica do independentismo galego*. Santiago: Abrente Editora.

García Negro, Maria do Carme (1999): "Autodisolución da AN-PG e nascimento do BNG", en Terra e Tempo, nº 12, pp. 40-42.

González Encinar, José Juan (1982): *Galicia: sistema de partidos y comportamiento electoral*. Madrid: Akal D.L.

Gonçález Blasco, Luís (2000): "Da crise do Comité Central da UPG en 1976 á cisom da FPG em 1989", en Garcia, Domingos A. (coord.): *Para umha Galiza independente. Ensaios testemunhos, cronología e documentaçon histórica do independentismo galego*. Santiago: Abrente Editora, pp. 194-254.

Gutiérrez Fernández, Eduardo (1999): "Unha encrucillada para o socialismo nacionalista", en Terra e Tempo, nº 9/10, pp. 73-74.

Harmel, Robert e Kenneth Janda (1994): "An Integrated Theory of Party Goals and Party Change", en Journal of Theoretical Politics, nº 6, pp. 259-287.

Heine, Harmut (1976): "La evolución política en Galicia (1939-1975)", en Cuadernos de Ruedo Ibérico, IIª Época, nº 51-53, pp. 21-49.

Hirschman, Albert O. (1970): *Exit, Voice, and Loyalty. Responses to Decline in Firms, Organizations, and States.* Cambridge/Massachusets: Harvard University. Citado por edición en español: *Salida, voz y lealtad. Respuestas al deterioro de empresas, organizaciones y estados.* México: FCE.

Ibarra, Pedro e F. Letamendía (1999): "Los movimientos sociales", en Caminal Badía, Miguel (Ed.): *Manual de Ciencia Política.* Madrid: Tecnos, pp. 372-402.

Inglehart, R. (1977): *The Silent Revolution. Changing Values and Political Styles among Western Public.* Princeton University Press.

Irvin, Cynthia L. (1999): *Militant Nationalism. Between Movement and Party in Ireland and the Basque Country.* Minneapolis: University of Minnesota Press.

Katz, Richard e Peter Mair (eds.) [1992]: *Party Organizations. A Data Handbook on Party Organizations in Western Democracies (1960-90).* Londres: Sage, pp. 1-21.

Kirchheimer, Otto (1966): "The Transformation of the Western European Party Systems", en LaPalombara, J. e M. Weiner (eds.): *Political Parties and Political Development.* Princeton Univ. Press. pp. 177-200.

Kitschelt, Herbert (1989): *The Logic of Party Formation.* Ithaca, New York: Cornell University Press.

—— (1994): *The Transformation of European Social Democracy.* Cambridge: Cambridge University Press.

Lagares Díez, Nieves (1999): *Génesis y desarrollo del Partido Popular de Galicia.* Tecnos. Madrid.

Leira, Xan (2000): *Manuel Mera. A paixón militante: lembranzas e reflexión dun dirixente do nacionalismo galego.* Vigo: Xerais.

Letamendía, Francisco (1997): *Juego de Espejos. Conflictos nacionales centro-periferia.* Madrid: Trotta.

Liñares Giraut, X. Amancio (1991): *Conversas con Avelino Pousa Antelo. Memorias dun Galego Inconformista.* Sada: Edicións do Castro.

Magariños, Alfonso (1979): *Quienes somos los gallegos... y porque así somos pedimos la autonomía.* Barcelona: Epidauro.

Máiz, Ramón (1982):"Aproximación a la trayectoria político-ideológica del nacionalismo gallego", en Revista de Investigaciones Sociológicas (2ª Época), nº 44, pp. 513-548.

——— (1986): "El nacionalismo gallego: apuntes para la historia de una hegemonía imposible". en Hernández, F. e Mercadé, F.: *Estructuras sociales y cuestión nacional en España*. Barcelona: Ariel.

——— (dir.) (1992): *Sempre en Galiza. Edición Crítica*. Santiago.

——— (1996): "Nación de Breogán: oportunidades políticas y estrategias enmarcadoras en el movimiento nacionalista gallego (1886-1996)" en Revista de Estudios Políticos (Nueva Época), Núm. 92, pp. 33-75.

——— (2000): "«España» y «Estado español» en el discurso político del nacionalismo gallego histórico (1886-1993)", en Historia y Política, pp. 171-208.

Máiz Vázquez, Bernardo (1991): *Galicia na Segunda República e baixo o Franquismo (1930-1976)*. Vigo: Xerais.

Márquez Cruz, Guillermo (1993): "La transición local en Galicia: continuidad de las elites políticas del franquismo y renovación de los gobiernos locales", en Revista de Estudios Políticos, nº 80, pp. 39-119.

——— (1995): "El gobierno local en Galicia: Resultados electorales, élites políticas y producción de gobierno (1979-1995)". Revista da Federación Galega de Municipios e Provincias, nº 10, pp. 22-33.

McAdam, Doug, J. McCarthy, D. Zald e N. Mayer (eds.) [1996]: *Comparative perspectives an social movements: political opportunities, mobilizing structures and cultural framings*. Cambridge University Press. Edición citada: *Movimentos sociales: perspectivas comparadas*. Madrid: Itsmo, 1999.

Méndez Lago, M. (2000): *La estrategia organizativa del Partido Socialista Obrero Español (1975-1996)*. Madrid: CIS.

Mera, M.: "O outro sindicalismo", en Terra e Tempo, nº 9/10, pp. 47-57.

Müller, Wolfgang C. (1997): "Inside the Black Box. A Confrontation of Party Executive Behaviour and theories of Party Organizational Change", en Party Politics, vol. 3, nº 3, pp. 293-313.

Neumann, Sigmund (1956): *Modern Political Parties. Approaches to Comparative Politics*. University of Chicago.

Nogueira, C., L. Soto e X. López Facal (1980): *O poder industrial en Galicia*. Vigo: Xerais.

Núñez Seixas, X. M. (1995): "Historia dos nacionalismos na España Contemporánea; unha perspectiva de conxunto", en Grial, nº 128, Tomo XXXIII, pp. 495-540.

—— (1997): "National Reawakening within a Changing Society: The Galician Movement in Spain (1960-97)", en Nationalism & Ethnic Politics, vol. 3, nº 2, pp. 29-56.

—— (1999): *Nacionalismos en la España Contemporánea (siglos XIX y XX)*. Barcelona: Hipótesis.

Panebianco, Angelo (1982): *Modelli di partiti*. Bologna: Il Mulino. Citado por edición española: *Modelos de partido*. Madrid: Alianza, 1990.

Perkins, Doug (1996): "Structure and Choice. The Role of Organizations, Patronage and the Media in Party Formation", en Party Politics, vol. 2, nº 3, pp. 355-375.

Pillado Maior, F. e M. A. Fernán-Vello (1989): *A nación incesante. Conversas con Xosé Manuel Beiras*. Santiago de Compostela: Edicións Sotelo Blanco.

POG (1979): *Bases Político-Ideolóxicas do Partido Obreiro Galego. I Congreso*. POG.

—— (1980): *Galicia, do aldraxe á esperanza*. POG.

PSG (1983): *Ponencia aprobada no Congreso Extraordinario*. Santiago: PSG.

Quintana, X.R. (1995): "El nacionalismo galleç de la postguerra ençà", en L'Avenç, nº 197 (1), pp. 6-11 (adícase esta primeira parte ao xurdimento do nacionalismo galego contemporáneo, centrándose no "nacionalismo radical ou populista")/ nº 198 (2), pp. 6-11 (parte adicada ao "nacionalismo da «nova esquerda»", ao nacionalismo centrista e á situación actual –1995–).

Reinares, Fernando (1990): "Sociogénesis y evolución del terrorismo en España", en Giner, Salvador (dir.): *España: Sociedad y política*. Madrid: Espasa-Calpe.

Rego Nieto, Manuel (1985): *El carlismo orensano, 1936-1980*. Deputación Provincial de Ourense.

Riechmann, Jorge (1994): *Los verdes alemanes: Historia y análisis de un experimento ecopacifista a finales del siglo XX*. Granada: Comares.

Rivas, M. e X. M. Taibo (1977): *Os partidos políticos na Galiza*. A Coruña: Edicións do Rueiro.

Rodríguez, Carlos Luís (1981): *El parlamento Gallego. Diciembre 1981. Historia de un proceso político*. A Coruña: La Voz de Galicia.

Rodríguez, Carlos L. e X. A. Gaciño (1983): *Elecciones municipales: mayo de 1983. Hacia el tripartidismo*. A Coruña: La Voz de Galicia.

Rodríguez, Francisco e Ramón López Suevos (1978): *Problemática nacional e colonialismo: o caso galego*. Santiago: Edicións Xistral.

Rodríguez Sánchez, Francisco (1999): "Función da UPG na Frente Nacionalista BNG", en Terra e Tempo, n° 12, pp. 43-45.

Romasanta, Alberto (1991): *El nacionalismo radical gallego en el ocaso de la Dictadura y los inicios de la transición democrática (1974-1977): organización, estrategia e ideología*. Tesiña UNED.

Rubiralta Casas, Fermí (1997): *El nuevo nacionalismo radical. Los casos gallego, catalán y vasco (1959-1973)*. Donostia: Hirugarren Prentsa.

—— (1998): *De Castelao a Mao. O novo nacionalismo radical galego (1959-1974): orixes, configuración e desenvolvemento inicial da U.P.G.* Santiago: Laiovento.

Salgado, Xosé M. e Xoan M. Casado (1989): *Xosé Luís Méndez Ferrín*. Barcelona: Sotelo Blanco.

Santidrián Arias, Víctor Manuel (2002): *Historia do PCE en Galicia (1920-1968)*. Sada: Edicións do Castro.

Sartori, Giovanni (1976): *Parties and Party Systems. A framework for analysis*. Volume I, Cambridge/Londres, Cambridge University Press. Edición en español: *Partidos y sistemas de partidos. Un marco para el análisis*. Madrid: Alianza, 1982.

—— (1984): *La Política. Lógica y método en las ciencias sociales*. México: FCE.

Seiler, D. (1978): *Les partis autonomistes*. Paris: PUF.

Seixo, Xesús (1999): "Organizacións de masas e conflictividade social na Galiza", en Terra e Tempo, n° 12, pp. 23-31.

Sequeiros Tizón, Julio G. (1990): *El talante del Sr. Breogan: estructura económica y comportamiento político en Galicia*. Sada: Edicións do Castro.

Toro, Suso de (1991): *Camilo Nogueira e outras voces: unha memoria da esquerda nacionalista*. Vigo: Xerais.

Tusell, Javier e A. Soto (1995): *Historia de la transición y consolidación democrática en España (1975-1986)*, vol. I, Madrid: UNED.

UPG (1977): *Primeiro Congreso*. Santiago: Edicións Terra e Tempo.

—— (1979): *Análises e Resolucións Políticas. II Congreso*. Santiago: Edicións Terra e Tempo.

—— (1982): *Análises e Resolucións Políticas do III Congreso*. Santiago: Edicións Terra e Tempo.

—— (1983): *Análises e Resolucións Políticas do IV Congreso*. Santiago: Edicións Terra e Tempo.

—— (1985): *Os Comunistas Galegos pola Liberación Nacional. V Congreso*. Santiago: Edicións Terra e Tempo.

Valcárcel, Marcos (1991): "Nacionalismo e información: liña editorial de A Nosa Terra (1977-1989)", en Trabe de Ouro, nº 5, tomo I / Ano II, pp. 49-63.

Vilas Nogueira, José (1975): *O Estatuto Galego*. A Coruña: Edicións do Rueiro.

—— (1977): "O nacionalismo galego baixo o franquismo", en Teima 32, 25.7.1977, 10, pp. 40-42.

—— (1992): "Las elecciones autonómicas de Galicia", en Revista de Estudios Políticos, nº 75, pp. 59-85.

—— (1995): *Las Organizaciones de Partido*. Discurso Inaugural lido na solemne apertura do curso académico 1995-1996. Universidade de Santiago de Compostela.

—— (1997): "La Organización de los Partidos Políticos" (I e II), en Mella Márquez, Manuel (ed.): *Curso de Partidos Políticos*, Madrid: Akal, pp. 59-114.

VVAA (1997): *ERGA. Un lume que prendeu. Dezaoito artigos da militáncia de ERGA para lembrar o 25º Aniversário da sua constitución (1972-1997)*. Santiago: editado polos Comités Abertos de Facultade (CAF-CAEF).

Ware, Alan (1996): *Political Parties and Party Systems*. Oxford University Press.

APÉNDICES

APÉNDICE I. RESULTADOS ELECTORAIS EN GALIZA NO PERÍODO 1977-1983

Táboa 1. Eleccións xerais, 15-06-1977

	UCD	PSOE	AP	PCG	PSG*	BNPG	PPG/PGSD	OUTROS
A CORUÑA	221.996	78.598	50.256	16.777	**16.660**	**8.027**	**12.674**	45.008
LUGO	87.059	20.805	36.377	2.853	**2.064**	**3.950**	---	13.549
OURENSE	99.440	21.104	21.502	2.674	**2.618**	**2.432**	**3.384**	9.501
PONTEVEDRA	198.231	54.642	40.104	11.843	**6.024**	**8.700**	**6.956**	26.181
GALIZA	606.726	175.149	148.239	34.147	**27.366**	**23.109**	**23.014**	94.239

Fonte: Arias e Cancio (1999), pp. 348-349; para a coalición PPG/PGSD: Gacíño e Rivas (1980), p. 30.
*Sublíñanse en negriña os partidos e coalicións de ámbito estrictamente galego.

Táboa 2. Eleccións xerais, 1-03-1979

	UCD	PSOE	CD	PCG	BNPG	UG	OUTROS
A CORUÑA	200.120	76.873	50.588	20.213	**23.247**	**28.136**	29.804
LUGO	79.964	27.920	30.731	2.420	**11.927**	**3.006**	3.152
OURENSE	75.371	23.292	26.901	3.886	**8.466**	**3.494**	2.081
PONTEVEDRA	195.324	55.873	39.919	17.172	**20.466**	**23.400**	18.514
GALIZA	515.891	183.958	148.139	43.691	**64.106**	**58.036**	53.551

Fonte: Arias e Cancio (1999), pp. 348-349.

Táboa 3. Eleccións municipais, 3-04-1979

	UCD	PSOE	CD	PCG	UG	BNPG	OUTROS
A CORUÑA	135.870	66.481	47.025	22.878	**36.206**	**27.737**	75.878
LUGO	74.677	19.078	39.524	2.402	**1.175**	**18.581**	30.627
OURENSE	70.963	16.170	31.870	4.992	**1.485**	**10.767**	11.740
PONTEVEDRA	105.989	51.351	29.708	17.933	**30.254**	**21.332**	65.980
GALIZA	387.499	153.080	148.127	48.205	**69.120**	**78.417**	184.225

Fonte: Arias e Cancio (1999), pp. 348-349.

Táboa 4. Eleccións autonómicas, 17-10-1981

	UCD	PSOE	AP	PCG	BNPG/PSG	EG	PG	OUTROS
A CORUÑA	76.591	94.127	128.287	13.488	**26.303**	**13.124**	**11.219**	29.633
LUGO	48.733	22.376	43.617	2.039	**11.175**	**1.272**	**5.779**	4.135
OURENSE	61.103	23.448	40.077	2.871	**7.377**	**748**	**3.314**	4.131
PONTEVEDRA	87.764	53.505	89.058	10.529	**17.015**	**18.353**	**12.311**	22.742
GALIZA	274.191	193.456	301.039	28.927	**61.870**	**33.497**	**32.623**	60.641

Fonte: Arias e Cancio (1999), pp. 348-349.

Táboa 5. Eleccións xerais, 28-10-1982

	UCD	PSOE	AP-PDP-UL	PCG	Bloque-PSG	EG	OUTROS
A CORUÑA	66.657	196.153	180.556	9.113	**16.469**	**8.350**	33.316
LUGO	34.567	53.263	88.462	1.307	**5.847**	**900**	6.041
OURENSE	52.282	50.619	63.801	986	**4.204**	**689**	5.988
PONTEVEDRA	76.575	126.228	155.556	8.070	**12.002**	**12.262**	21.778
GALIZA	230.081	426.263	488.375	19.476	**38.522**	**22.201**	67.123

Fonte: elaboración propia a partir dos datos extraídos de Arias e Cancio (1999) e da Base de Datos da D.G.P.I.

Táboa 6. Eleccións municipais, 8-05-1983

	AP-PDP-UL	PSOE	PCG	CG	BNG	EG	PSG	OUTROS
A CORUÑA	163.419	147.302	14.071	**7.734**	**23.536**	**10.535**	**3.406**	97.753
LUGO	78.705	47.033	2.890	**53.409**	**7.621**	**665**		11.804
OURENSE	55.584	41.037	2.290	**66.433**	**3.608**	**203**	**3.261**	4.955
PONTEVEDRA	140.239	100.522	12.306	**42.852**[1]	**15.746**	**7.762**	**453**	56.787
GALIZA	437.947	335.894	31.557	**170.428**	**50.511**	**19.165**	**7.120**	171.299

Fonte: elaboración propia a partir dos datos extraídos de Rodríguez e Gacíño (1983).
[1] O resultado engloba os 32.100 votos obtidos pola CIGA e os 10.752 do PG.

APÉNDICE II. RESULTADOS DOS REFERENDOS CELEBRADOS EN GALIZA. 1976-1980

Táboa 1. Resultados do referendo da Lei para a Reforma Política, 15-12-1976

	Censo	Participación	Si	Non	Brancos	Abstención
A CORUÑA	716.459	498.164	475.697	9.178	13.289	30,47 %
LUGO	296.494	207.177	196.335	4.140	6.702	30,12 %
OURENSE	309.525	196.901	190.569	2.797	3.535	36,37 %
PONTEVEDRA	530.299	379.331	361.148	8.480	9.703	28,47 %
GALIZA	**1.852.777**	**1.281.573**	**1.223.749**	**24.595**	**33.229**	**30,83 %**

Fonte: Ministerio del Portavoz del Gobierno (Bdise).

Táboa 2. Resultados do referendo da Constitución, 6-12-1978

	Censo	Participación	Si	Non	Brancos	Abstención
A CORUÑA	818.336	445.511	399.794	23.533	22.184	45,56 %
LUGO	325.199	141.803	125.863	8.050	7.890	56,39 %
OURENSE	346.725	140.562	126.517	8.509	5.536	59,46 %
PONTEVEDRA	606.761	335.114	295.131	21.677	18.306	44,77 %
GALIZA	**2.097.021**	**1.062.990**	**947.305**	**61.769**	**53.916**	**49,31 %**

Fonte: Ministerio del Portavoz del Gobierno (Bdise).

Táboa 3. Resultados do referendo do Estatuto de Autonomía, 21-12-1980

	Censo	Participación	Si	Non	Brancos	Abstención
A CORUÑA	820.874	271.324	196.971	56.228	12.065	66,95 %
LUGO	327.963	65.767	47.021	13.749	3.115	79,95 %
OURENSE	346.660	74.848	57.157	12.764	2.931	78,41 %
PONTEVEDRA	617.127	201.069	147.234	39.563	10.348	67,42 %
GALIZA	**2.112.624**	**613.008**	**448.383**	**122.304**	**28.459**	**71,00 %**

Fonte: Instituto Galego de Estatística (IGE).

Apéndice III

Asistentes ás xuntanzas da Xestora (dun total de 22 membros previstos):
— 27 de xuño 1982: pola AN-PG: Lois Diéguez e Alfredo Suárez Canal, por Galicia Ceibe: Antom Bértolo e Xosé Luís Méndez Ferrín, pola ANG: X.M. Fernández e Xavier Vence, por ERGA: Xaquín Fernández Leiceaga, polo PSG: Lois Eyré e Mario López Rico, pola UPG: Bautista Álvarez e Francisco Rodríguez, por Independentes da Coruña: Andrés Pérez, por Independentes do Condado: Picho Suárez e Manolo Soto; por Independentes de Santiago: Ramón Muñiz, polo Colectivo de Avance Nacionalista: Lois Caeiro, e polos Independentes de Vigo: Xaquín Acosta Beiras.

— 4 de xullo 1982: pola AN-PG: Alfredo Suárez Canal, por Galicia Ceibe: A. Bértolo, polo PSG: Mario López Rico e Lois Eyré, pola UPG: Bautista Álvarez e Francisco Rodríguez, por ERGA: X. Fernández Leiceaga, por Independentes da Coruña: Xácome Santos, polo Colectivo de Avance Nacionalista: Xesús Seixo, por Independentes de Santiago: X. M. Beiras e R. Muñiz, por Independentes do Condado: Manolo Soto e Picho Suárez, polo Colectivo "Arco da Vella": Rosa Basave, e polos Independentes de Vigo: Xaquín Acosta Beiras.

— 17 de xullo 1982: pola AN-PG: Alfredo Suárez Canal; por Galicia Ceibe: Antom Bértolo, pola UPG: Bautista Álvarez e F. Rodríguez, pola PSG: M. López Rico e L. Eyré, polos Independentes de Santiago: Xosé M. Beiras, e polos do Condado: Manolo Soto e Picho Suárez. (Nesta xuntanza xa abandonara a Xestora a Asamblea de Nacionalistas Galegos).

---

* Información recollida das "actas" elaboradas pola Xestora Nacional.

PRINCIPAIS SIGLAS

ANG:	Asamblea de Nacionalistas Galegos
ANPG:	Asamblea Nacional Popular Galega
APG:	Asamblea Popular Galega
BNG:	Bloque Nacionalista Galego
BNPG:	Bloque Nacional Popular Galego
CC.LL:	Comisións Labregas
CC.OO:	Comisiones Obreras
CFPG:	Consello de Forzas Políticas Galegas
CG:	Coalición Galega
CIG:	Confederación Intersindical Galega
CIGA:	Converxencia de Independentes de Galicia
CSG:	Confederación Sindical Galega
CSUT:	Central Sindical Unitaria de Traballadores
CTG:	Confederación Galega de Traballadores
CXTG:	Confederación Xeral de Traballadores Galegos
CXTG-IN:	Confederación Xeral de Traballadores-Intersindical Nacional
EG:	Esquerda Galega
ERGA:	Estudiantes Revolucionarios Galegos
FPS:	Federación de Partidos Socialistas
GC (OLN):	Galiza Ceive (Organización de Liberación Nacional)
HB:	Herri Batasuna
ING:	Intersindical Nacionalista Galega
INTG:	Intersindical Nacionalista de Traballadores Galegos
LCR:	Liga Comunista Revolucionaria
MC:	Movimiento Comunista
MCG:	Movemento Comunista de Galicia
MFPG:	Mesa de Forzas Políticas Galegas
ORT:	Organización Revolucionaria de los Trabajadores
PCaG:	Partido Carlista de Galicia
PCE:	Partido Comunista de España
PCG:	Partido Comunista de Galicia
PCLN:	Partido Comunista de Liberación Nacional
PG:	Partido Galeguista
PG-N:	Partido Galeguista-Nazonalista
PGP:	Partido Galego do Proletariado

PGSD: Partido Galego Social Demócrata
PNG-PG: Partido Nacionalista Galego-Partido Galeguista
POG: Partido Obreiro Galego
PPG: Partido Popular Galego
PSG: Partido Socialista Galego
PSG-EG: Partido Socialista Galego-Esquerda Galega
PSOE: Partido Socialista Obrero Español
PTE: Partido del Trabajo de España
PTG: Partido do Traballo de Galicia
SLG-CCLL: Sindicato Labrego Galego-Comisións Labregas
SOG: Sindicato Obreiro Galego
UCD: Unión de Centro Democrático
UG: Unidade Galega
UGT: Unión General de Trabajadores
UPG: Unión do Povo Galego
UPG-lp: Unión do Povo Galego-liña proletaria

ÍNDICE ONOMÁSTICO

ÍNDICE

LIBROS PUBLICADOS

(E) Ensaio   (N) Narrativa   (T) Teatro

O que você quer ser quando crescer?
Fernando Sabino

1. **De Breogán aos Pinos**
O texto do Himno Galego
Manuel Ferreiro

2. **Hong Kong, camiño de volta**
Xulio Ríos

3. **China, a próxima superpotencia**
Xulio Ríos

4. **Contaminación e saúde**
O efecto invernadoiro e os furados de ozono
Ramón Varela Díaz

5. **Tabaquismo: Epidemia do século XX**
Luís M. Domínguez Juncal

6. **Eis os láseres**
Eduardo García Parada e Pío M. González Fernández
(Volume duplo)

7. **¿Que é o cancro?**
Unha resposta simplificada
Avelino Senra Varela
(Volume duplo)

8. **Os xenes e o futuro humano**
Daniel Soutullo
(Volume duplo)

9. **A novela policial.**
Unha historia política
Xesús González Gómez

10. **O agrarismo galego**
Carlos F. Velasco Souto

11. **A quimera do xenoma humano**

Richard Charles Lewontin
Tradución do inglés e notas:
Fernando Vázquez Corredoira
e Salvador Mourelo Peres

12. **A catástrofe do "Prestige"**
Xosé Manuel Beiras

FORADESERIE

Fraga na Galiza
Pepe Carreiro

Sursum corda
Poesía Galego-Portuguesa ao Viño
Edición: Manuel María
Selección: Xosé Lois García e Carlos Díaz Martínez

A nación incesante
Conversas con Xosé Manuel Beiras
Francisco Pillado Maior e Miguel Anxo Fernán-Vello

Introduçom à lingüística com corpora
José Henrique P. Rodrigues

Antoloxia da poesia brasileira. Antología de la poesía brasileña
Xosé Lois García

A espera crepuscular
Carlos Quiroga

Manual de Evoluçom e Sistemática
Walter Sudhaus e Klaus Rehfeld
Traduçom do alemám: Prof. Dr. Carlos Garrido

Projecto Dicionário Vivo
João Guisan Seixas

Contra o tempo
Manuel Vidal Villaverde

ENDOVELIA

Manifiestos de las varguardias europeas (1909-1945)
Xesús González López
Trad.: Carlos Posada

Poseídos
Ensayos de Etnopsiquiatría Gallega
Marcial Gondar y Emilio González
Trad.: João Guisan